I0039994

PANTHÉON

DE

LA JEUNESSE

VIE DES ENFANTS CÉLÈBRES

DE TOUS LES TEMPS ET DE TOUS LES PAYS.

illustré

PAR ROQUEPLAN, GAVARNI, ÉMILE WATTIER, C. NANTEUIL, GENIOLE,
H. MONIER, CHALLAMEL, BARON, DÉ VALENTINI, ETC.

Deuxième Partie.

JEUNES FILLES CÉLÈBRES.

1re Livraison.

Emile Wattier — HBREVAL.

A Paris, au Bureau, rue de Seine-Saint-Germain, 10.

CHEZ AUBERT ET Cie, GALERIE VÉRO-DODAT,

ENFANTS CÉLÈBRES.
2me PARTIE
FRONTISPICE.

Chalbourt lith

Le Natte del

Deuxième Partie.

JEUNES FILLES CÉLÈBRES.

B.R

Emile Wattier

HREVAL.

Ste GENEVIÈVE.

SAINTE GENEVIÈVE,

PATRONNE DE PARIS.

Ne devions-nous pas placer au premier rang dans le Panthéon de nos Enfants célèbres sainte Geneviève, patronne de Paris, j'allais dire de la France? N'est-ce pas en effet à cette sainte héroïne que sont principalement dus le mariage de Clovis avec la pieuse Clotilde, et la conversion de ce roi païen, qui jeta les fondements de la monarchie française? Et quelle jeunesse avons-nous trouvée plus digne d'admiration, plus remplie de toutes les vertus de la femme ; les vertus obscures, douces, bienfaisantes du foyer domestique ; les vertus fortes, éclatantes de la vie civile?

Les légendaires ont orné la vie de cette sainte d'un grand nombre de merveilles qu'on ne doit pas sans doute

BIBLIOTHÈQUE ROYALE

admettre aveuglément. Mais ce qui est incontestable de cette sublime existence suffit pour faire de sainte Geneviève une des plus belles figures historiques, et un modèle parfait des vierges chrétiennes, qui mérite la vénération de tous les peuples.

Geneviève naquit au village de Nanterre, près Paris, l'an 422; son père se nommait Sévère, et sa mère Géronce. Dès ses premières années, Geneviève montra une grande sagesse. Tout enfant elle faisait abnégation complète de sa volonté devant celle de ses parents : elle possédait déjà la première vertu du jeune âge, l'obéissance. Encore bien qu'elle eût sept ans à peine, elle se rendait utile à sa mère, soit en l'aidant dans les travaux du ménage, soit en soignant les brebis aux champs. A l'âge où la plupart des enfants ne songent encore qu'aux amusements, déjà elle avait l'amour du travail, de l'ordre et de la vertu.

Vers l'an 430, saint Germain d'Auxerre et saint Loup de Troyes, voyageant ensemble pour aller combattre dans la Grande-Bretagne l'hérésie de Pélage, arrivèrent un soir à Nanterre. La venue de ces deux saints personnages émut tout le pays. Les habitants accoururent en foule auprès d'eux pour recevoir leur précieuse bénédiction et pour entendre leurs saintes paroles. Geneviève, accompagnée de ses parents, se présenta parmi la foule; mais à son air calme et recueilli, à son attitude pieuse et modeste, saint Germain la distingua aussitôt; il s'informa de sa vie passée, et sur ce qu'on lui en dit, il l'examina de plus près, et comme éclairé par une illumination soudaine, il lui dit, en tenant les deux mains étendues sur sa tête :

« Enfant, je te bénis. Tes vertus, ta piété et ta sagesse » précoces attireront sur toi les bénédictions du Seigneur. » Puis il lui demanda si elle voulait se consacrer à Dieu.

Geneviève répondit sans balancer que c'était là son vœu le plus cher, mais qu'en toutes choses elle s'en rapportait aux volontés de ses parents. Saint Germain, qui vit dans cette réponse une nouvelle preuve de la sagesse de cette jeune fille, se tourna vers Sévère et Géronce, et leur dit : « Votre fille est digne du saint ministère auquel je la con- » vie ; consentez-vous à ce qu'elle se consacre au Sei- » gneur ? » Après quelque hésitation, Sévère répondit : « Avant de m'appartenir, cette enfant appartenait à Dieu ; » si vous la jugez digne d'être consacrée à son culte, » qu'elle obéisse à la voix qui l'appelle ! »

Alors Geneviève s'approcha et s'agenouilla aux pieds de saint Germain, qui lui donna sa bénédiction ; puis, s'a-

dressant au peuple, le saint pontife s'écria : « Heureux les
» pères qui ont de tels enfants, heureux les enfants qui ont
» de tels pères ! » Puis il se dirigea vers l'église du bourg,
suivi des habitants qui bénissaient le Seigneur ; on chanta
des psaumes et des prières, et pendant ces pieux exercices saint Germain étendit, à plusieurs reprises, ses
mains jointes sur le front de Geneviève agenouillée. Il la
retint près de lui durant le repas qui suivit l'office divin,
et ne la quitta qu'après avoir fait promettre à son père
de la lui ramener le lendemain avant son départ.

Le lendemain, saint Germain fit présent à Geneviève
d'une petite médaille de cuivre qu'il aperçut à terre au
moment où il se baissait pour lui donner sa bénédiction,
et sur laquelle était gravé le crucifiement de Jésus-Christ,
en lui disant : « Portez sans cesse cette médaille en souvenir
» des promesses que vous avez faites à Dieu et en mé-
» moire de moi; désormais rejetez tous les autres ornements
» que la vanité invente; que votre cou, ni vos doigts, ni vos
» oreilles, ne soient jamais chargés de métaux précieux, d'or,
» d'argent ou de pierreries ; épouse du Seigneur, vous ne
» devez désirer que les parures célestes. Si vous continuez
» à marcher dans la voie de sainteté où vous êtes entrée, je
» vous prédis que Dieu fera par vous de grandes choses. »

Puis Geneviève s'en retourna à ses brebis, et, pendant
plusieurs années, rien ne fut changé en apparence à sa vie
habituelle. Jamais elle n'avait montré de goût pour les
jeux de l'enfance : la prière, la méditation l'avaient, pour
ainsi dire, vieillie de bonne heure. Elle redoubla de ferveur
et de piété, ne manquant aucune occasion de s'instruire
des vérités de la religion et de ses devoirs. Elle grandissait
entourée de l'estime et de la vénération de tous : le jeûne,
la prière, la retraite, la dérobaient aux dangers du monde et

de la dissipation. Bientôt elle instruit les autres; les vérités qu'elle a apprises à méditer, elle les répand autour d'elle ; convaincue, elle convainc sans peine; maîtresse d'elle-même, elle maîtrise les autres. A peine avait-elle quatorze ans, qu'elle était déjà l'objet de la vénération de tous dans le bourg de Nanterre.

Sa plus grande joie, ses plus grands plaisirs étaient d'aller au temple entendre chanter les louanges du Seigneur et voir les cérémonies religieuses. Un jour qu'elle sollicitait vivement sa mère de lui accorder la permission d'aller à l'église, Géronce la lui refusa; et comme Geneviève insistait, elle alla jusqu'à la frapper. A l'instant Dieu punit cette mère injuste : un voile épais se répandit sur ses yeux et la rendit aveugle; cette cécité dura près de deux ans. Pendant ce temps, Geneviève ne cessa de consoler sa pauvre mère, de l'entourer des soins les plus touchants, et de prier Dieu pour qu'il mît un terme à cette éclatante manifestation de sa colère.

A cette époque, Dieu permettait souvent que des miracles eussent lieu à la prière de ses plus fervents serviteurs, pour donner à un peuple encore ignorant une preuve éclatante de la vérité de la religion. Geneviève pensa qu'elle pourrait peut-être aussi obtenir cette faveur insigne; elle pria long-temps, puis un jour elle dit : « Mère, ayez confiance » en la bonté et en la puissance de Dieu, et venez. » Elles s'en allèrent ensemble vers un puits qui était dans la campagne, près duquel Geneviève avait l'habitude de se tenir en gardant ses troupeaux ; pleine de foi, la jeune fille puisa de l'eau, se mit à genoux, adressa au ciel une fervente prière en répandant des larmes ; ces larmes tombaient dans l'eau. Après cette ardente invocation, elle dit à sa mère de se laver les yeux avec cette eau sur laquelle

elle avait fait le signe de la croix ; Géronce le fit, et peu à peu elle recouvra la vue.

Dieu voulut montrer, sans doute, par ce miracle, combien il écoute favorablement les prières des enfants pour leurs parents. Cette tradition a traversé près de douze siècles ; elle est encore vivante à Nanterre, où les pauvres aveugles viennent intercéder sainte Geneviève, et laver leurs yeux avec l'eau du puits.

Geneviève avait quinze ans lorsqu'elle perdit ses parents. Pendant leur maladie, elle ne les quitta pas un instant ; sans cesse à leur chevet, elle leur prodigua les soins les plus assidus, afin d'obtenir leur bénédiction ; car la bénédiction paternelle et maternelle est une source de félicités pour l'enfant qui en est digne. Après leur avoir rendu ses pieux devoirs, elle se présenta à un évêque du pays pour recevoir de ses mains le voile sacré. Puis elle vint à Paris, chez une femme pieuse qui était sa marraine, et qui jouissait d'une certaine considération. Dès ce moment elle fit vœu de virginité, et s'imposa un genre de vie très-austère, mortifiant son corps par des jeûnes extraordinaires. Alors Geneviève, orpheline, et dégagée de tous liens de famille, commença cette longue carrière toute consacrée à la propagation de la religion chrétienne et au bonheur de ses semblables. Sur ces entrefaites une maladie cruelle qui menaça ses jours fit admirer sa patience angélique ; quand ses douleurs étaient intolérables, elle levait les yeux au ciel, et sa voix murmurait tout bas le nom du Dieu qui souvent frappe ici-bas pour récompenser dans le ciel. A peine fut-elle rétablie, qu'elle recommença avec plus d'ardeur son œuvre d'apostolat.

A cette époque, la foi était peu répandue encore dans la capitale de la France ; elle la prêcha avec une ardeur

constante, non seulement par ses paroles, mais bien plus
encore par ses exemples. Aussi eut-elle le sort de tous ceux
qui viennent apporter au monde des idées nouvelles. Une
ligue se forme contre elle ; la calomnie l'attaque d'abord
sourdement, puis éclate bientôt. On l'appelle hypocrite et
visionnaire ; les accusations les plus infâmes, les bruits les
plus ridicules circulent et s'accréditent ; mais Geneviève est
trop sûre d'elle-même pour craindre les autres. Elle marchait sans terreur au milieu de toutes les haines, ne chan-
geant rien à sa conduite, quand lui arriva un illustre dé-
fenseur.

Saint Germain s'en allait de nouveau dans la Grande-
Bretagne, où l'hérésie vivait encore ; il s'arrêta à Paris et
s'informa de Geneviève. On lui dit les accusations dirigées
contre elle, il les examina, et les trouvant toutes dénuées
de fondement, il se rendit à sa demeure, proclama hautement sa vertu, et la calomnie se tut à la voix du vénérable
pontife. Ne venait-elle pas en effet d'être confondue? On
avait représenté le logis de la fille de Sévère comme le
temple de la mollesse : et quand il s'y était rendu qu'avait-
il trouvé? une pierre trempée de larmes qui lui servait de
couche, sur laquelle la pieuse victime priait chaque jour le
Dieu de miséricorde de pardonner à ses persécuteurs. On
connut et on exalta bientôt son inépuisable charité, son zèle
infatigable. Recueillant partout des aumônes pour les dis-
tribuer aux indigens, on la voyait sans cesse sur les routes,
allant d'une ville à l'autre pour invoquer la générosité des
personnes opulentes, ajoutant la plus grande partie de ce
qu'elle possédait aux sommes qui lui étaient confiées. Enfin,
voulant ménager une retraite aux jeunes personnes de son
sexe qui voudraient marcher sur ses traces, afin qu'elles
pussent résister aux séductions du monde et être à l'abri

des piéges des méchants, elle fonda près de Saint-Jean-en-
Grève un monastère qui fut connu sous le nom *des Han-
drielles.*

Telle fut la jeunesse de Geneviève, jeunesse pleine de
travaux et de combats, pendant laquelle elle s'était armée
de courage, de patience, de résignation pour les épreuves
de l'âge mûr.

Geneviève craignait Dieu ; et, comme le vieux Joad, elle
aurait pu dire :

> Soumis avec respect à sa volonté sainte,
> Je crains Dieu, cher Abner, et n'ai point d'autre crainte.

Cette vierge si simple, si timide, puisait dans sa foi un
courage inouï. Attila, roi des Huns, après avoir ravagé une
partie de la Gaule, s'avançait vers Paris ; ce barbare dégui-
sait si peu ses projets de destruction, qu'il ne voulait plus,
disait-il, que rien restât debout sur le sol où aurait passé
le pied de son coursier ; il voulait rendre les villes et les
campagnes semblables aux plus affreux déserts. A son approche, les Parisiens, frappés d'épouvante, allaient quitter
leur ville et s'enfuir, lorsque Geneviève apparaît: elle leur
reproche leur lâcheté, leur dit combien de prodiges Dieu a
faits en faveur des peuples qui croient en lui et l'adorent.
Bientôt elle persuade les femmes, qui se renferment avec
elle, et prient dans le baptistère public ; puis elles exhor-
tent leurs maris toujours épouvantés. Geneviève fait encore
un dernier effort; elle promet, si les hommes refusent de
sauver la patrie, de défendre contre un païen le temple du
vrai Dieu, et de marcher au devant du roi des Huns à la
tête des femmes qui prient avec elle. Ces paroles, bien loin
de ramener les Parisiens à de plus nobles projets, ne font
que les irriter ; ils s'emportent au point de vouloir mettre

à mort cette jeune femme, qu'ils appellent fausse prophétesse, sorcière, et qu'ils accusent de vouloir les faire
périr en les empêchant de fuir. Déjà leur rage était si
grande, que la populace poussait d'horribles cris auprès
du temple où Geneviève s'était retirée, quand arriva l'archidiacre d'Auxerre. Il s'informa de la cause de ces fureurs, et en entendant prononcer le nom de la vierge de
Nanterre, le saint homme s'écria : — « Arrêtez! celle que
» vous voulez mettre à mort est seule capable de vous sau-
» ver. Voici que je lui apporte les *eulogies* de la part de saint
» Germain, évêque d'Auxerre. Le vénérable prélat, qui va
» bientôt quitter cette terre, a voulu lui donner cette dernière
» preuve de son estime et de sa sainte amitié. » En même
temps l'archidiacre s'approcha de Geneviève, et lui remit
un morceau de pain bénit, selon la coutume de ce temps.

Aussitôt le peuple, voyant en quelle singulière estime
un personnage aussi éminent que saint Germain tenait la
jeune vierge, l'écouta avec plus de calme ; Geneviève profita de cette heureuse circonstance ; elle renouvela ses
exhortations, et finit par faire passer dans le cœur des Parisiens l'ardeur qui l'animait. Ceux qui étaient découragés
s'affermissent, ceux qui fuyaient reviennent ; la défense
s'organise vigoureusement ; Attila juge prudent de se retirer. Geneviève prédit la fin prochaine de ce fléau de Dieu.
En effet, dans les plaines de Châlons se livra la plus sanglante bataille dont l'histoire ait conservé le souvenir. Attila
succomba sous les efforts de l'armée combinée des Romains,
des Francs et des Goths, commandée par Aétius et Mérovée, et l'Europe fut sauvée, par la défaite du roi des Huns,
de la plus effroyable domination.

Mais Paris devait encore courir de nouveaux, de plus
sérieux dangers. Mérovée, roi des Francs, profitant de la

2

terreur qu'inspirait sa brillante victoire sur Attila pour
étendre sa puissance dans les Gaules, vint assiéger cette
cité : Childéric son fils l'accompagnait.

Déjà la famine commençait à exercer ses affreux ravages. Le découragement allait encore une fois livrer cette
ville aux ennemis, quand Geneviève arrive. Paris est
affamé, mais il y a des vivres dans les pays voisins. La
vierge de Nanterre échauffe les courages, elle dit comme
il est beau de se dévouer pour ses frères. Elle parvient à
former une pieuse ambassade, à la tête de laquelle elle se
met, et qu'elle conduit, à travers mille dangers, dans tous
les lieux qui bordent la Seine, depuis Paris jusqu'à Troyes;
elle revient suivie de nombreux bateaux chargés de vivres.

Néanmoins la ville fut prise; mais le vainqueur fut tellement touché de la vertu et du courage de Geneviève, qu'à
ses instantes prières il ordonna que les vaincus seraient
traités avec humanité, ce qui était infiniment rare dans ces
temps de barbarie. La vie de sainte Geneviève ne fut plus
qu'une longue suite d'actions bienfaisantes et courageuses.

Elle jouit d'un grand crédit auprès de Mérovée et de
son fils Childéric, qui, païens, mais touchés de ses vertus,
la regardaient peut-être comme une espèce de fée ou
d'Elfe, sorte de prophétesse germanique. La chronique
cite encore un fait par lequel Dieu signala sa miséricorde
et la puissance de l'ardente charité de Geneviève. Childéric avait porté un arrêt terrible; il voulait faire couper
la tête à plusieurs prisonniers; mais de peur que la sainte
fille, qui habitait alors Saint-Denis, ne vînt lui demander
la révocation de son arrêt, et se défiant de son propre
cœur, il ordonna de fermer soigneusement les portes.
Mais, dit toujours la légende, ce fut une précaution inu-
tile : à peine Geneviève parut, que les portes s'ouvrirent

d'elles-mêmes, et lui livrèrent passage, à la grande admiration du peuple. Elle parvint jusqu'au roi, et lui arracha la
grâce des captifs. Clovis, à la conversion duquel elle contribua beaucoup, la tenait en une singulière vénération.
Alors, son crédit n'eut plus de bornes, et il alla si loin,
qu'on voit le monarque l'honorer du nom d'*amie*. La
sainte femme ne se servait de ce haut degré de faveur que
pour obtenir de ce prince des bienfaits pour les pauvres,
la délivrance des prisonniers, l'érection de temples consa-
crés au culte catholique. Enfin, après une vie de quatre-
vingt-neuf ans, pleine de mérites et de saintes œuvres, après
avoir tenu dans l'âge mûr tout ce que promettait sa sublime jeunesse, elle mourut le 3 janvier 512, cinq semaines
après Clovis, et fut inhumée par les soins de Clotilde, qui
la pleura à l'égal de son époux, auprès de ce prince, dans
la basilique des Apôtres Saint-Pierre et Saint-Paul, sur
le mont Lucotelius, alors situé hors de Paris, et qui prit
depuis le nom de Montagne Sainte-Geneviève. De cette
église, il ne reste plus qu'une tour qui fait partie du col-
lége Henri IV.

Bientôt on éleva des temples, des autels à sainte Geneviève. Les rois, les reines, les seigneurs et les bourgeois,
les grands et les petits, vinrent s'agenouiller près de son
tombeau, et y apporter des témoignages de leur piété et de
leur reconnaissance. Louis XV voulut élever à la patronne
de Paris un temple qui surpassât en magnificence tous les
édifices de ce genre ; on commença donc en 1754 à jeter
les fondements de cette basilique de sainte Geneviève, aujourd'hui le *Panthéon*. Mais cet édifice devait avoir des
destins bien changeants. Ses portes allaient s'ouvrir aux
reliques de cette sainte, quand une populace égarée les dis-
persa aux jours de la révolution. Alors l'assemblée consti-

tuante voulut faire de ce temple vide un tombeau à ceux
qui auraient bien mérité de la patrie. A ce titre n'aurait-on
pas dû y placer tout d'abord l'héroïque patronne de Paris?
Louis XVIII rendit en 1822 cet édifice à sa destination
première, qui fut encore une fois changée en 1830. Aujourd'hui les reliques de sainte Geneviève sont contenues
dans une châsse, représentant un temple gothique, dans
l'église de Saint-Étienne-du-Mont, et son tombeau est
placé dans une des chapelles latérales de cette église.

TOMBEAU DE SAINTE GENEVIÈVE.

Mlle JULIE D'ANGENNES,

MARQUISE DE RAMBOUILLET.

ulie d'Angennes, marquise de Rambouillet, était l'une des jeunes personnes les plus distinguées de la cour
de Louis XIV. Elle était d'une grande
beauté, mais d'une constitution fort
délicate, d'un esprit très-cultivé et plein
de charmes; elle fut du petit nombre
des courtisans qui n'eurent pas besoin
de feindre la piété quand il convint au
grand roi d'amender sa vie et de rendre dévote une cour
licencieuse. A l'époque dont nous parlons, elle ne devait
pas avoir plus de dix-sept ans.

C'était au plus fort de cette horrible peste qui alors ra-
vagea Paris. Le fléau, engendré dans les cloaques de la
Cité, avait déjà fait d'affreux ravages parmi le peuple, et il
entrait dans les palais pour y chercher de plus illustres victimes. L'hôtel Rambouillet n'en fut pas exempt. Mademoi-

selle d'Angennes avait deux frères ; le cadet, dans un âge
encore tendre, fut frappé de la peste. Madame de Rambouillet, qui était une excellente mère, ce qui vaut mieux
qu'une mère illustre, ne voulut pas abandonner son enfant
à des soins mercenaires et craintifs ; elle résolut donc de le
soigner elle-même ; mais aussitôt que mademoiselle Julie,
sa fille, eut connaissance de cette résolution, elle se jeta
aux pieds de sa mère pour la supplier de ne pas s'exposer
à de si grands dangers, et pour la conjurer de lui confier
exclusivement le soin de son frère malade. En vain madame de Rambouillet lui fit observer que sa propre santé,
sa jeunesse, exigeaient toutes sortes de ménagements, que
ce serait déjà pour elle un bien affreux malheur si elle venait à perdre son fils ; qu'elle ne pouvait s'exposer à une
double perte en lui accordant sa demande : rien ne put
vaincre la ferme résolution de cette jeune demoiselle ; elle
trouva dans son cœur mille raisonnements pour convaincre
sa mère qu'au lieu de mourir avec son frère, elle sauverait
son frère et ne mourrait pas ; puis elle courut se renfermer
dans la chambre du pauvre malade, au milieu d'un air
empesté.

Jour et nuit elle prodiguait tous les soins imaginables à
cet objet de sa tendre affection ; elle le consolait, le couvrait de caresses, remplissait auprès de lui les offices les
plus rebutants avec une douceur angélique. Mais à peine
trois jours furent-ils écoulés, que les deux domestiques
qui servaient le jeune de Rambouillet de concert avec sa
sœur tombèrent eux-mêmes frappés de la contagion : un
autre qui prit leur place les suivit bientôt. Les malades
fussent restés abandonnés sans mademoiselle de Rambouillet, qui servit son frère et ses domestiques avec un
zèle égal, infatigable. Cette jeune fille, élevée dans le luxe,

se trouva tout-à-coup transformée en garde-malade intelli-
gente, active, courageuse, forte. Rien ne l'étonnait, rien ne
la rebutait. La femme possède dans son cœur, sous une
enveloppe frêle, délicate, les germes des vertus les plus
mâles, du courage, de la fermeté, d'un dévouement incroyable. C'est le vent du malheur soufflant autour d'elle
qui féconde ces germes heureux, dont les fruits étonnent
et confondent.

Le tendre dévouement de mademoiselle de Rambouillet
ne put sauver celui qui en était le principal objet. Ce frère,
dont la vie lui était plus chère que la sienne, succomba à
la violence du mal ; mais les serviteurs victimes de leur
zèle souffraient encore, mademoiselle de Rambouillet ne
voulut quitter l'infirmerie qu'avec le dernier malade.

Cette conduite angélique fit l'admiration de toute la cour.
Le roi voulut en connaître tous les détails, et chargea M. le
duc de Montausier, qui n'était encore, je crois bien, que
marquis de Salles, mais déjà l'ami du roi, de porter à mademoiselle de Rambouillet le témoignage de son admiration et de sa profonde estime pour elle.

Le marquis de Salles, en remplissant cette mission, fut
si charmé de mademoiselle de Rambouillet, qui à cette
grande vertu joignait une modestie plus grande encore,
qu'il dit au roi en revenant : « Sire, je viens de voir la jeune
personne la plus accomplie de votre royaume, et je serais
l'homme du monde le plus heureux si mademoiselle de
Rambouillet voulait unir son sort au mien. » M. de Montausier menait une vie fort dissipée ; le roi lui répondit :
« Ce sera donc un diable qui épousera un ange ?— Sire, la
vertu est contagieuse, elle pourra me gagner, répondit le
marquis. »

Peu de temps après, M. le marquis, qui était devenu

duc, et qui était l'un des plus beaux partis de la cour, épousa mademoiselle de Rambouillet. Dieu bénit ce mariage, contracté sous de si heureux auspices. M. de Montausier devint, on le sait, l'un des hommes les plus probes de la cour de Louis XIV ; en le donnant pour gouverneur au dauphin, le roi dit à son fils : « Voilà l'homme que j'ai choisi pour avoir soin de votre éducation ; je n'ai pas cru pouvoir rien faire de mieux pour vous et pour mon royaume. »

M. de Montausier succéda au duc de Longueville dans le gouvernement de Normandie ; il était à Saint-Germain quand on apprit que la peste exerçait à Rouen ses plus grandes fureurs. M. de Montausier, digne époux de mademoiselle de Rambouillet, partit à l'instant pour son gouvernement, se renferma dans ces murs maudits, et y déploya un courage, une activité, une fermeté tels, que soudain le mal se ralentit pour disparaître bientôt entièrement. Il disait à ceux qui lui conseillaient de se soustraire au danger : « Serais-je par hasard moins courageux que mon épouse à seize ans ? La vertu n'est-elle pas contagieuse ? »

JEANNE CRAY.   Geniole inv.

JEANNE GRAY.

Vers la fin du mois de mai 1550, par une de ces magnifiques soirées qui, à cette époque de l'année, viennent rasséréner le ciel brumeux de l'Angleterre, deux enfants se promenaient sous les ombrages parfumés du château de Windsor, antique demeure des monarques anglais ; ils étaient tous deux du même âge, douze ans environ ; ils portaient les magnifiques costumes de cette époque, siècle célèbre de la Renaissance.

Celui qui aurait pu les entendre vanter les charmes de

3

l'étude et d'une modeste obscurité, exalter au-dessus de
tous les biens de ce monde le bonheur que donnent la vertu
et la bienfaisance, celui qui, sans les voir, les aurait entendus conversant sur la théologie et l'histoire, en grec et en
latin, les aurait pris pour deux graves docteurs de l'université d'Oxford ; et celui qui les aurait connus, qui les
aurait vus tous deux pleins de vie, de grâces et de talents,
tous deux comblés des dons de la fortune et de la nature,
n'aurait jamais osé prédire que ces deux enfants, dont
l'un était le jeune roi Édouard VI, fils d'Henri VIII, et
l'autre lady Jeanne Gray, auraient, avant quatre années,
payé de leur vie le triste bonheur d'être nés sur les marches
du trône et de s'y être assis. Cependant, le 6 juillet 1553,
l'Angleterre apprit que son jeune roi n'existait plus, et
l'opinion publique accusait hautement le duc de Northumberland, son premier ministre, de l'avoir empoisonné. Ce
même homme avait depuis peu marié son fils, Guilfort
Dudley, à lady Jeanne Gray, encore enfant ; c'est là une
des nombreuses tyrannies qui sont imposées aux princes,
de ne pouvoir disposer de leur cœur. Jeanne Gray avait
seize ans à peine, mais, depuis plusieurs années déjà, elle
avait attiré l'attention publique par la réunion des plus
rares qualités. Un historien anglais, Heylin, en trace le
portrait suivant : « Reine des cœurs avant de l'être du
royaume, elle portait sur son visage des caractères de sou-
veraineté plus aimables et plus glorieux que ceux qu'on
ne tire que de la succession de ses ancêtres. Sa beauté,
qui effaçait toutes celles d'Angleterre, était dans tout son
éclat. Une grâce qu'on ne peut décrire l'accompagnait
toujours. Ses paroles, ses actions, son air, tout était ravissant en elle. Ces perfections étaient soutenues par les plus
nobles dispositions de l'esprit et du cœur, cultivées par

l'étude et couronnées par la piété. Elle donnait à la lecture le temps que les enfants de son âge et de sa qualité passent au milieu des jeux et des spectacles. Toute son occupation était d'orner son âme des plus belles connaissances de la nature et de la morale, sans se soucier de parer son corps avec trop d'art, contente des agréments dont la nature l'avait si libéralement pourvue. Elle possédait parfaitement les langues grecque et latine, ainsi que les notions les plus étendues sur la philosophie et la théologie. Elle avait été élevée avec le jeune roi Édouard VI, et ce prince avait conçu pour elle une estime et une affection toutes particulières. Elle était, du reste, sa cousine, étant petite-fille de Marie, douairière de France, sœur d'Henri VIII. »

Le duc de Northumberland, en donnant son fils pour époux à Jeanne Gray, avait eu la coupable et ambitieuse pensée de faire passer dans sa maison la couronne d'Angleterre. Ce n'est pas que cette jeune princesse fût l'héritière légitime du roi Édouard VI, qui avait deux sœurs, Marie et Élisabeth ; mais à cette époque l'Angleterre était divisée par des questions religieuses : les uns prêchaient les doctrines nouvelles de Luther, les autres défendaient avec ardeur les anciennes traditions de l'Église romaine ; les conseillers d'Édouard VI lui inculquèrent de bonne heure les idées nouvelles. Quand ils virent approcher la mort de ce jeune roi, ils craignirent avec raison de perdre toute leur influence si Marie, son héritière légitime et sa sœur, fort attachée à l'Église romaine, venait à monter sur le trône. En conséquence, ils résolurent de la faire déshériter en faveur de Jeanne Gray, élevée comme lui dans la religion réformée. Ces conseillers étaient poussés à cette injustice par leur propre intérêt, mais bien plus encore par les conseils de Northumberland. En conséquence, on circonvint le jeune roi mourant, on lui représenta que si sa sœur venait à lui succéder, l'Angleterre perdrait tout le fruit des travaux de son règne, que la religion romaine remonterait avec elle sur le trône, et que la patrie serait livrée aux plus grands troubles. On ajoutait que la naissance de ses deux sœurs, déclarées illégitimes par le parlement, les rendait incapables à succéder. On fit tant et si bien, que ce jeune prince ne vit plus qu'un devoir à remplir dans une mesure qui satisfaisait aux intérêts de sa religion, quoiqu'elle blessât le droit de ses deux sœurs; il écrivit lui-même un testament qui instituait Jeanne Gray son héritière; on le revêtit de toutes les formes légales; il fut porté à la chancellerie, et scellé du grand sceau de l'État.

Toutes ces choses s'étaient passées à l'insu de Jeanne Gray, qui depuis son mariage s'était retirée dans les environs de Londres, au château de Durham. Aussitôt après la mort du jeune roi, le duc de Northumberland vint l'y chercher, et la conduisit à la Tour sans aucunement la prévenir de ce qui l'y attendait.

A peine arrivée à Londres, Lady Jeanne Gray fut environnée d'hommages et de respects, auxquels elle ne put d'abord absolument rien comprendre; mais elle eut bientôt le mot de cette triste énigme. La duchesse de Northumberland sa belle-mère, étant entrée dans l'appartement avec la duchesse de Suffolk sa mère, la marquise de Northampton et tous les lords conseillers, le duc de Northumberland, qui était président du conseil, prit la parole : « Le roi est mort, madame, lui dit-il; il vous a désignée pour lui succéder; il a enjoint à son conseil de

vous proclamer et faire reconnaître reine d'Angleterre,
à l'exclusion de ses deux sœurs, Marie et Élisabeth. »
Puis il s'écria : « Longue vie à la reine Jeanne! » A
ce moment, toute l'assemblée s'inclina ; tous les lords
qu'on avait rassemblés déclarèrent qu'ils reconnaissaient
Jeanne Gray pour reine, lui jurèrent fidélité, et pro-
mirent de la défendre au péril même de leur vie. Mais
tous ces beaux serments n'étaient pas même entendus de
la pauvre petite reine, sur qui cette
scène imprévue avait fait une telle
impression , qu'elle semblait avoir
perdu l'usage de la raison ; elle pâlit, elle trembla, poussa des cris in-
articulés et tomba sans connaissance ;
quand on l'eut fait revenir à la vie,
qu'elle eut recouvré la plénitude de
cette rare sagesse qui la distinguait
dans un âge si tendre, elle dit :
« Pardonnez, mylords, ces mar-
» ques de douleur que je donne à
» la mort d'un prince qui m'était in-
» finiment cher, et aux malheurs
» dont je crains qu'elle ne soit suivie. C'en est déjà un
» grand pour moi d'avoir été nommée pour lui succéder à
» une couronne qui ne m'appartient pas. Si le larcin de
» l'argent d'autrui est infâme, celui d'un royaume est
» un bien plus grand crime. D'ailleurs je ne suis pas si
» jeune que je ne sache bien le peu de sûreté qu'il y a
» dans de semblables présents de la fortune. Ma liberté
» vaut mieux que cette brillante servitude ; et des chaî-
» nes, pour être d'or, n'en sont pas moins pesantes.
» J'estime plus la paix dont je jouis dans ma condition

» privée que toute la magnificence d'une royauté qui
» cache, sous de belles apparences, des troubles et des
» chagrins qui se succèdent continuellement l'un à l'autre.
» Si vous m'aimez, laissez-moi dans cet heureux état où
» je suis née, et dont mes études m'ont fait connaître la
» félicité. »

Toutes les personnes présentes la supplient de revenir
sur ce refus, disant « qu'elle allait livrer l'Angleterre à
l'anarchie, qu'elle devait à la patrie et à sa famille le sacrifice de son repos et de ses goûts; que Dieu l'appelait au
trône, qu'elle devait obéir. » Jeanne Gray avait trop de
douceur naturelle pour être inflexible : ses parents la
priaient; son respect pour eux la trompa, et elle accepta en
tremblant et en pleurant ce trône qui devait sitôt se changer pour elle en échafaud. Elle resta donc à la Tour, selon
l'usage immémorial qui donne cette triste demeure aux rois
d'Angleterre pendant les préparatifs de leur couronnement; elle y fut entourée de tous les conseillers qui l'a-
vaient faite et reconnue reine; et aussitôt des hérauts se
répandirent dans la ville de Londres, annonçant, dans
un lugubre appareil, la mort prématurée du jeune roi, et
lisant au peuple assemblé une proclamation où étaient ex-
pliquées les causes de l'élévation de Jeanne Gray. En vain
cherchèrent-ils à échauffer le zèle du peuple pour sa nouvelle souveraine; le peuple, dont le bon sens découvrit
facilement le fond de cette intrigue, resta indifférent, et
attendit, les bras croisés, ce que l'avenir lui apporterait.

Les conseillers du roi défunt, pour se débarrasser du plus
grand obstacle qu'ils prévoyaient à leurs desseins, auraient
voulu s'emparer de lady Marie. Une lettre du roi lui fut envoyée pour l'engager à venir immédiatement à la cour; mais
elle reçut un avis mystérieux, et, au lieu d'obéir, elle se ren-

dit dans le comté de Norfolk. Elle y apprit bientôt tout ce qui se passait à Londres ; et, sans en être intimidée, elle écrivit au conseil en souveraine. Considérant ce qui s'était passé comme non avenu, elle ordonnait qu'on la proclamât reine sans délai ; que le pardon qu'elle était prête à accorder était à ce prix ; et qu'au surplus elle marchait elle-même vers la capitale du royaume, à la tête d'une armée, pour y faire, en tous cas, prévaloir ses droits incontestables. En effet, une nombreuse noblesse, celle qui restait fidèle à la dynastie et à la religion ancienne ; les ambitieux, les aventuriers, qui ne manquent jamais, vinrent se grouper autour de Marie, et bientôt elle put disposer d'une armée considérable. Northumberland, de son côté, s'était mis à la tête des troupes et s'avançait au-devant d'elle ; mais, au moment d'en venir aux mains, le courage lui manqua ; il ordonna un mouvement de retraite qui jeta le découragement parmi ses troupes et parmi ses partisans. Pendant l'absence du duc, les conseillers, renfermés dans la Tour, en sortirent ; et, voyant la fortune tourner du côté de Marie, ils la proclamèrent reine, eux qui, il y a quelques jours, avaient juré fidélité à Jeanne Gray. Le peuple, qui n'aimait pas Northumberland et désirait sa chute, cria *longue vie à la reine Marie !* On lui distribua de la bière, du vin et de l'argent ; on illumina Londres ; on chanta un *Te Deum*. Le comte de Pembroke vint prendre possession de la Tour au nom de la nouvelle reine ; Jeanne Gray en sortit ; elle revint à Sion-House, après un règne de neuf jours, qui lui apparaissait comme un mauvais rêve ; elle quitta avec joie un trône où elle s'était assise avec répugnance, et sur lequel elle n'avait connu d'autres sentiments que l'effroi et la douleur. Enfin, le duc de Northumberland proclamait lui-même la nouvelle reine au moment où il fut fait prisonnier. Bientôt Marie, accompagnée de sa sœur Élisabeth, fit son entrée triomphale, à Londres, au milieu d'un concours immense, et fut bientôt couronnée.

Assise sur le trône, Marie prit toutes les précautions nécessaires pour s'y maintenir ; elle mit en jugement Northumberland et ses principaux adhérents : ils furent condamnés et mis à mort ; mais elle ne prit d'abord aucune mesure contre lady Jeanne Gray et son époux. Le peuple savait que cette jeune princesse n'avait été que l'instrument passif des ambitieux ; ses vertus, ses talents l'avaient rendue populaire, et il eût été dangereux d'attenter à sa vie.

Cependant, les premières terreurs passées, Marie crut devoir s'assurer de Jeanne Gray et de son époux ; on les arrêta, et ils revinrent bientôt en prisonniers dans cette Tour de Londres où ils étaient entrés en souverains peu de jours auparavant.

La vie de Jeanne Gray sous les sombres voûtes de la Tour ne sera pas bien différente de celle qu'elle menait sous les lambris dorés du château de Durham, sous le ciel bleu et les épais ombrages de Windsor. Une passion la dominait, celle de l'étude ; on étudie partout. Quand on s'est fait une société de Platon, d'Homère, de saint Augustin, de Virgile, on a toujours sa société près de soi, sans rien redouter du caprice de ses amis, ni de leur mauvaise humeur, ni de la difficulté des communications. On peuple tout seul la plus profonde solitude. Ainsi faisait la pauvre petite reine détrônée.

Bientôt Marie donna l'ordre d'instruire un procès contre Jeanne Gray et mylord Guilfort, son époux. Ils étaient vaincus ; les juges, qui auraient tremblé devant eux et se seraient inclinés à leurs pieds s'ils fussent restés sur le trône, les condamnèrent à la peine de mort. Le parlement confirma cette sentence, et cependant elle resta plusieurs mois sans exécution.

On crut d'abord, cela était si naturel à croire, que Marie épargnerait au moins la vie de Jeanne Gray, sa cousine, une jeune fille si vertueuse, si belle, si bonne, si innocente. Mais la clémence n'était pas la vertu de cette reine. Elle prit prétexte d'une rébellion que fit naître l'annonce de son mariage prochain avec Philippe, prince des Espagnes, pour ordonner l'exécution immédiate de Jeanne Gray et de son époux. On accusait mylord Gray, père de Jeanne, d'avoir suscité ce mouvement.

4

La triste fin de Jeanne Gray mérite d'être racontée dans tous ses détails.

La veille du jour terrible, on introduisit auprès de cette princesse le docteur Fecknam, doyen de Saint-Paul, qui lui dit : « Je viens vous apporter une terrible nouvelle; vous ne devez plus avoir d'espérance que dans la bonté de Dieu. — Je n'en ai jamais eu, répondit-elle avec fermeté, dans la clémence de ma cousine, aussi je suis prête à tout. »

Le docteur entreprit alors de la consoler, mais elle lui dit que la mort ne l'effrayait pas, qu'elle était bien plus attristée du spectacle des choses de ce monde, et qu'elle le suppliait de l'entretenir des mystères de la vie future. Ce que fit d'abord le vénérable doyen; puis il termina en l'exhortant à abjurer la religion réformée. Elle l'interrompit alors en lui disant « que sa principale étude avait été de » méditer la bonté infinie de Dieu et de le connaître en sa » miséricorde : qu'elle n'était pourtant pas ignorante des » articles de sa foi, prête d'en rendre raison en tout temps ; » mais qu'il lui en restait si peu à vivre, qu'elle trouvait » plus à propos de l'employer à ses dévotions qu'à des dis- » putes. » Le docteur crut qu'elle cherchait un prétexte pour différer son exécution. Dans cette pensée, il retourna vers la reine et en obtint un délai de trois jours. Il revint aussitôt à la charge, annonçant cette prolongation à l'infor- tunée Jeanne Gray, et la sollicitant d'entrer en discussion avec lui. Lorsqu'il eut cessé de parler : « Monsieur, lui » dit-elle, il n'était pas nécessaire d'aller importuner la » reine de notre première entrevue pour en obtenir une » grâce que je ne demandais pas. Vous comprîtes mal le » sens de mon discours : il était cependant fort clair. Je ne » cherche point à reculer l'heure de ma mort, je la hâte au » contraire par mes souhaits, et je prie Dieu avec ardeur

» de me délivrer de cette misérable vie, pour m'en faire
» posséder une éternelle et bienheureuse. Ainsi j'attends
» mon dernier moment sans inquiétude, et je ne désire
» rien changer aux ordres que la reine a donnés pour le
» jour de mon exécution. »

Ce jour fatal étant arrivé, mylord Guilfort, son mari, lui
fit demander une dernière entrevue : « L'entretien que
» souhaite mon époux, répondit-elle à l'envoyé, ne con-
» vient point à notre état; au lieu de nous consoler, il
» rendrait notre douleur plus vive. Nous avons besoin
» d'objets qui soutiennent notre courage à la vue de l'écha-
» faud, et nous devons fuir ceux qui peuvent l'amollir.
» Peut-il répondre de la fermeté de son cœur dans une
» si triste entrevue ? Pour moi, je connais le mien ; il serait
» trop sensible, et je craindrais que ma tendresse ne
» triomphât de toute ma résolution. Je veux, conti-
» nua-t-elle, lui donner une plus haute preuve de mon af-
» fection en ne le voyant point, que si je consentais au
» douloureux adieu qu'il me veut dire. Sa mort ne devan-
» cera la mienne que de quelques moments, et mon âme
» volera dans le ciel après la sienne. C'est là que nous
» nous rejoindrons pour ne nous plus séparer, et que
» nous jouirons ensemble, dans la vue de Dieu, d'un
» bonheur que nous n'avons pu trouver sur la terre. »

Les nouvelles instances que fit faire auprès d'elle son
époux furent également repoussées ; mais bientôt elle ne
put s'empêcher de fondre en larmes; on vit combien ce
sacrifice, que lui commandait sa raison, coûtait à son
cœur. La nature avait repris son empire, l'héroïne avait
disparu pour ne plus laisser place qu'à la femme bonne,
sensible, affectueuse.

Il ne faut pas oublier, en face de ce courage si grand et

si religieux, que c'est une jeune femme de dix-sept ans qui tient cette belle conduite et ce noble langage.

PORTRAIT DE JEANNE GRAY D'APRÈS HOLBEN.

Elle se retira alors en son particulier pour mettre ordre à ses affaires et se préparer à la mort; elle écrivit à son père, à différentes personnes et à sa sœur. L'histoire a conservé cette dernière lettre, écrite en grec, et dont je ne puis me dispenser de donner un extrait :

« Ma sœur, je vous envoie un livre dont l'extérieur ne » doit pas vous rebuter. Le dehors n'en est pas riche, » mais le dedans renferme des trésors qui surpassent en » valeur toutes les pierres précieuses de l'Orient. Ce livre, » ma chère sœur, est le testament de notre Sauveur, qui » nous fait héritiers de son royaume, quelque indignes » que nous en soyons. Si vous le lisez avec attention et

» que vous suiviez les traces qui vous y sont marquées, il
» vous introduira dans la vie éternelle. Il vous fournira
» d'admirables préceptes pour bien vivre, et vous appren-
» dra de plus à bien mourir. Vous y trouverez des trésors
» plus grands et plus solides sans comparaison que tous
» ceux que vous pourriez espérer de la succession de vos
» parents. Mille accidents peuvent vous ravir les derniers :
» il n'y a point de puissance capable de vous enlever les au-
» tres, lorsqu'une fois vous les aurez acquis. Imitez, ma
» chère sœur, la piété de David ; désirez comme lui d'en-
» tendre la loi de Dieu ; vivez pour mourir, afin de mourir
» pour vivre. Ne comptez ni sur la fleur de votre jeunesse
» ni sur la vigueur de votre tempérament : lorsque votre
» heure sera venue, rien ne la pourra retarder. Dieu a ré-
» glé nos jours, et nous ne pouvons les prolonger. Au reste,
» ma chère sœur, ne vous affligez point de ma mort ; ayez-
» en plutôt la même joie que j'en ai. Je me dépouille de la
» corruption pour revêtir l'incorruption, et je vais échan-
» ger une vie courte et périssable avec une immortelle.
» Adieu, ma chère sœur : mettons toute notre espérance
» en Dieu seul, puisque lui seul nous peut sauver. »

Pendant ce temps, mylord Guilfort, son époux, était
exécuté. On présenta, dit-on, sa tête sanglante à Jeanne
Gray, pour l'effrayer et vaincre cette grandeur d'âme dont
elle donnait un si bel exemple ; mais elle soutint encore
avec énergie cette terrible épreuve, et dit : « Adieu, mon
» époux ; la plus noble partie de vous-même est déjà dans
» le ciel, et je vais la rejoindre. »

Une heure après, on vint la prendre pour la conduire
au lieu de l'exécution ; elle devait périr sur le même échafaud où venait de mourir son époux, sur la place publique,
au milieu du peuple ; mais on craignit que la vue de cette

jeune femme si belle, si courageuse et si innocente, n'é-
veillât de trop vives sympathies et n'excitât quelque mouvement; on dressa donc un échafaud dans l'intérieur de
la Tour de Londres ; on ne laissa pénétrer que fort peu de
monde. Le lieutenant de la Tour vint l'avertir que la justice l'attendait ; elle le suivit aussitôt. Ses femmes pleuraient
et gémissaient : elle les consola ; elle fit à chacune d'elles
des présents avec les objets qu'elle avait alors en sa possession ; elle remercia aussi le lieutenant des soins et des
égards empressés qu'il avait eus pour elle pendant sa captivité. Celui-ci se prosterna à ses genoux, et lui demanda
avec instance de l'honorer de quelque présent qui lui rap-
pelât constamment le souvenir d'une princesse si grande
et si malheureuse. Jeanne Gray n'ayant plus rien dont elle
pût disposer que ses tablettes, elle les prit, et y écrivit ces
trois sentences en trois langues différentes. La première
était en grec et portait : *Que si son corps qui allait souffrir la
mort était un témoin contre elle devant les hommes, son âme, qui
allait jouir de la félicité du paradis, en serait un de son innocence devant Dieu.* La seconde, en latin, contenait : *Que la
justice des hommes allait s'exercer sur son corps, mais que la
miséricorde de Dieu allait se déployer sur son âme.* La troisième était en anglais, et conçue en ces termes : *Que si sa
faute était digne de punition, son imprudence et sa jeunesse l'é-
taient d'indulgence, et qu'elle espérait que la postérité lui serait
favorable.* Cela fait, elle sortit de sa chambre, et monta avec
courage et fermeté sur l'échafaud ; elle se tourna aussitôt
vers le peuple, et dit au milieu du plus religieux silence :

« Je confesse ma faute d'avoir porté la main à la cou-
» ronne qui ne m'appartenait pas, non que je l'aie ni usur-
» pée ni même désirée, mais je n'ai pas eu assez de con-
» stance pour ne la pas recevoir des mains de ceux qui m'ont

» forcée à la prendre. L'ambition n'eut point de part à
» mon crime : c'est le respect que j'ai eu pour ma famille
» qui me l'a fait commettre. Je ne prétends pas cependant
» me justifier. Les lois de l'État me jugent digne de mort,
» et je viens la souffrir. C'est ainsi qu'en obéissant à la
» justice j'espère expier la faute que j'ai faite en cédant à
» mes parents. »

En ce moment un messager de la reine Marie vint parler au docteur Fecknam, qui accompagnait Jeanne Gray ;
une joie extrême se manifesta dans toute l'assistance ; plusieurs cris se firent entendre pour demander grâce. Le
docteur s'approcha de la jeune victime, et on pense qu'il
la supplia de renoncer publiquement à la religion réformée ; mais Jeanne Gray s'avança silencieusement vers le
billot, y posa sa tête, en récitant à haute voix le psaume :
Seigneur, je remets mon esprit entre tes mains ; puis elle reçut
le coup fatal qui termina sa vie et ses malheurs.

Jeanne Gray avait dix-sept ans au plus ; elle était restée
neuf jours sur le trône et six mois et demi en prison.

Cette exécution jeta la consternation dans toute la ville de Londres. Ceux qui avaient jugé Jeanne Gray avaient compté sur la clémence de la reine Marie pour annuler ou du moins adoucir une sentence qu'ils n'avaient pas osé refuser. Morgan, qui prononça l'arrêt, fut pénétré d'une douleur si vive aussitôt qu'il en apprit l'exécution, qu'il tomba en frénésie. L'image de cette jeune victime était toujours devant ses yeux ; il s'écriait, dans ses accès, qu'on la fît retirer. La reine Marie elle-même se plaignit de la promptitude qu'on apporta dans le supplice ; son intention était, disait-elle, de faire grâce.

Jeanne Gray en avait appelé à la postérité du jugement qui l'avait condamnée ; son espérance ne fut pas trompée : la postérité lui a été favorable, et on la vénère aujourd'hui dans toute l'Angleterre comme la princesse la plus accomplie qui soit montée sur le trône de la Grande-Bretagne. Quelques historiens ne lui donnent pas place parmi les rois. Elle se peut bien passer de cet honneur ; ce n'est pas le trône, mais la vertu, qui fait les hommes véritablement grands et respectables, et il y a une immense différence entre Jeanne Gray répandant son sang sur l'échafaud et la reine Marie ensanglantant son trône du sang des autres.

Géniole Inv.ᵗ   HAL-MEHI CANTIMIRE.   Challamel Lith.

BIBLIOTHÈQUE ROYALE

HAL-MEHI-CANTIMIRE.

al - Mehi - Cantimire s'était éveillée le matin dans le palais paternel, et le soir elle n'y rentra plus ; sa vieille tante l'était venue chercher, et l'avait emmenée chez elle, lui disant que Meliabeth, son père, était parti pour aller combattre les ennemis de la Perse, et qu'il devait bientôt être de retour. La pauvre enfant avait attendu cinq ans, et elle ne conservait plus d'espérance. En vain elle allait chaque soir errer autour du palais du sophi, où elle avait vu souvent son père entrer et sortir ; en vain elle demandait à tous les seigneurs qu'elle rencontrait s'ils n'avaient point vu l'auteur de ses jours, s'ils ne pouvaient lui indiquer sa retraite, lui dire les lieux qu'il

5

habitait, ou si la mort l'avait frappé et ravi pour toujours
à sa tendresse. Toutes les réponses qu'on lui faisait ne la
satisfaisaient pas, quand enfin un vieil ami de son père eut
pitié de cette triste persévérance, de cette douleur à laquelle
le temps n'apportait pas de remède. Il la rencontra un soir,
triste et solitaire, dans les jardins du palais ; il s'approcha
d'elle, et lui dit : « Haï-Mehi, votre piété filiale m'inspire
pour vous une admiration et une confiance sans bornes. Je
vais vous confier le secret que vous désirez tant connaître :
n'oubliez jamais que si l'on connaît celui qui vous l'a ré-
vélé, je paierai de ma tête cette indiscrétion. Meliabeth,
mon ancien général, votre illustre père, n'est pas mort ;
injustement condamné, on le retient prisonnier dans la tour
du détroit de Bassora. Nul ne peut dire quel sera le terme
de sa captivité ; mais espérez, chère et pauvre enfant, il se
peut faire que votre père soit rendu à votre amour. Lui seul
peut nous guider encore à la victoire, et les bruits de guerre
retentissent de tous les points de l'empire. Allez ; que Dieu
vous garde. »

Ayant ainsi parlé, le vieux Persan quitta Haï-Mehi et se
perdit sous les ombrages sombres. Hal-Mehi fut toute
étourdie de cette révélation inattendue. Enfin elle connaissait le sort de ce père chéri ; elle pouvait, elle devait le revoir : toute la nuit, elle conçut mille projets, elle établit
mille plans qui devaient la conduire auprès de lui et le délivrer ; mais tous les moyens d'exécution lui manquaient.
Faible, pauvre, isolée, comment accomplir un projet devant lequel aurait reculé l'homme le plus intrépide ? Comment entreprendre ce voyage sans argent, sans aucune
connaissance des lieux ? comment pénétrer dans cette formidable prison, baignée par les eaux impétueuses du
Tigre, gardée par des soldats impitoyables, et qui répon-

dent sur leur propre tête du malheureux Meliabeth? comment le pouvoir rendre à la liberté? Hal-Mehi ne savait sans doute pas comment vaincre ces difficultés; mais la volonté ferme, inébranlable, où elle était de revoir au plus tôt son père, lui fit prendre la résolution de quitter sa tante et d'aller habiter la ville de Bassora, où elle aurait au moins la consolation de savoir son père près d'elle, d'avoir peut-être de ses nouvelles, de respirer le même air que lui. Mais comment quitter cette bonne tante? Ne pas la prévenir, c'était la jeter dans les plus affreuses inquiétudes; lui dire le but de ce téméraire voyage, n'était-ce pas trahir le secret promis, et exposer le généreux Persan qui lui avait découvert la prison de Meliabeth? Dans cette difficile situation, elle ne voulut suivre que les inspirations de l'amour filial ; elle écrivit à sa tante qu'elle s'absentait pour quelques jours seulement, qu'elle n'eût aucune crainte sur son sort, et qu'elle reviendrait bientôt auprès d'elle lui apporter une grande joie, et pour ne la plus jamais quitter. Puis elle se mit en route pour Bassora.

Hal-Mehi-Cantimire était née à Mendeli, dans le Kourdistan, vers le milieu du dix-huitième siècle ; elle était fille de Meliabeth, général au service du sophi Mirza-Abbas, qui régnait à Ispahan, jadis capitale de toute la Perse. L'enfance de cette jeune Persane n'aurait eu rien de remarquable sans la courageuse entreprise qu'elle conçut et exécuta pour la délivrance de son père. Mais, auparavant, il faut savoir que Meliabeth, après avoir servi long-temps son pays, s'était rendu si considérable par ses victoires, par l'affection de l'armée, par une vie toujours pleine de vertus et de gloire, que le sophi en conçut de l'envie et de la crainte : or, comme dans ce pays, soumis au plus absolu despotisme, la vie, la liberté des citoyens est à la merci du

maître, un matin on avait arrêté Meliabeth ; on l'avait
accusé d'un crime imaginaire, et jeté en prison, en répandant le bruit de sa mort soudaine. Quelques courtisans sa-
vaient seuls le destin du vieux général, et il leur était défendu, sous peine de mort, de le révéler.

Arrivée à Bassora, ville distante d'Ispahan d'au moins
trente lieues, Hal-Mehi Cantimire n'eut pas d'autre moyen
d'existence que de se mettre au service d'un fabricant de
toiles peintes de cette ville, elle, élevée comme les filles de
la plus haute noblesse dans toutes les jouissances du luxe
et de la grandeur. Elle était jeune, à peine si elle comptait
seize ans, et quoique sous les vêtements de l'indigence,
elle était belle, pleine de distinction et de majesté. Son
maître s'aperçut bientôt qu'elle n'était pas née pour être
servante, et il la pria avec toute sorte d'instances de lui
confier les causes de sa condition présente, les motifs de
son déguisement, l'assurant que, s'il dépendait de lui de
lui être utile, il ne négligerait rien pour y parvenir, qu'elle
pouvait disposer de lui et de sa fortune. Hal-Mehi avait
déjà acquis la triste certitude que toute seule elle pourrait
peu pour la délivrance de son pauvre père; elle résolut
donc de confier son projet à ce protecteur inattendu, que
le ciel lui envoyait. Le nom de Meliabeth était populaire
et vénéré en Perse; aussi, à peine le fabricant l'eut-il en-
tendu prononcer, qu'il redoubla de soins et d'égards pour
sa fille infortunée. Dès lors Hal-Mehi ne fut plus une servante; bien qu'elle crût, pour la réussite de son projet,
devoir garder tous les dehors d'une position subalterne,
elle put quitter ses travaux habituels pour s'occuper de
tous les moyens de mener à bien sa pieuse entreprise.

Elle prit d'abord une connaissance bien exacte des lieux
qui environnaient la tour où Meliabeth était prisonnier.

Elle fut bientôt convaincue que personne n'y pouvait pénétrer ouvertement, sous aucun prétexte; qu'un seul chemin était ouvert au courage et à la ruse, et que ce chemin il fallait le parcourir la nuit et à la nage dans les ondes impétueuses du Tigre. Dès lors elle ne fit plus autre chose que d'apprendre à nager : plusieurs fois le jour, plusieurs fois pendant la nuit sombre, elle se jetait dans le fleuve, au péril de sa vie. Elle dut se livrer pendant plusieurs mois à ce dangereux et pénible exercice, plusieurs fois interrompu par la fièvre ou par d'autres maladies. Souvent elle rentrait toute meurtrie et sanglante. Enfin elle acquit une habileté et une intrépidité incroyables; alors, sûre d'elle-même, elle prit congé de son généreux complice, se recommanda au ciel, et se précipita dans le fleuve. Après une longue lutte, après des efforts inouis, après avoir trompé la vigilance des gardes, placés de distance en distance, elle finit par aborder sur une roche d'où elle découvrait parfaitement la tour. Elle y resta jusqu'aux premiers rayons du jour, tenant les yeux constamment fixés sur le lieu où était renfermé ce qu'elle avait de plus cher au monde. Le ciel avait voulu récompenser un si beau dévouement, car elle aperçut bientôt Meliabeth, qui s'était mis à la petite lucarne grillée de sa prison pour jouir du magnifique spectacle du soleil se levant sur les ondes agitées. Le moindre cri qu'elle poussa dans cette vaste solitude suffit pour attirer vers elle les regards de son père; elle ne put contenir sa joie à la vue du vieillard, car elle ne pouvait douter que ce fût bien son père. Cependant, comme elle était encore à une grande distance, elle ne fut pas reconnue de lui, qui n'aurait jamais osé croire que sa fille était devant ses yeux. Le grand jour la surprit sur cette roche, tout entière à son bonheur; les barques des pêcheurs commençaient déjà à parcourir le fleuve en tous sens; elle entendait et voyait même les sentinelles se promenant sur les grèves et sur la tour. Elle eut assez de prudence et de raison pour s'arracher à ces lieux qui lui étaient devenus chers : elle reprit sa route périlleuse, se promettant bien de revenir le lendemain.

Pendant plus d'un mois, l'intrépide Hal-Mehi brava presque chaque jour les mêmes dangers, les mêmes fatigues, mais elle n'eut pas toujours le même bonheur : plusieurs fois Meliabeth ne put se mettre à la fenêtre, ne put observer cette jeune fille mystérieuse qui venait le visiter ainsi au péril de sa vie. Alors Hal-Mehi s'en revenait triste, mais non découragée. Elle prit enfin un parti qui devait mettre un terme à ces incertitudes et à ces dangers. Elle imagina, pour se faire reconnaître, d'écrire son nom en grandes lettres noires sur une toile blanche, et d'attacher cette pancarte sur un pieu qu'elle dressa au sommet de la roche qui lui servait chaque jour d'observatoire.

Ce stratagème lui réussit : Meliabeth lut avec ravissement et effroi ces caractères qui lui rappelaient ce qu'il

avait de plus cher au monde. Aussi, toute la nuit suivante,
il ne quitta pas des yeux cette roche où il devait bientôt
voir sa fille adorée. Hal-Mehi s'y rendit selon son habitude. Comment décrire leurs transports, leur joie muette?
ils se la témoignèrent par tous les signes, par tous les mou-
vements que l'amour sait bien trouver de lui-même.

Mais le jour vint les interrompre : Meliabeth suivit avec
angoisse sa fille lorsqu'elle se jeta
dans le Tigre et qu'elle se perdit
dans ses ondes. Hal-Mehi, de retour à terre, se mit à préparer
l'évasion de son père, jugeant
qu'elle ne pouvait plus être re-
mise sans danger. Elle écrivit sur
une toile à son père le projet
qu'elle avait formé de le délivrer;
elle lui fixait le jour ou plutôt la
nuit qu'elle avait choisie; puis
elle appliqua sur cette toile une
composition que lui remit le généreux fabricant, et qui la
rendit imperméable à l'eau. Elle s'était procuré de petites
limes plates avec lesquelles le vieillard pouvait scier les
barreaux de sa prison.

Après avoir, cette nuit-là, prié avec plus d'ardeur que
les autres fois encore, munie de son précieux bagage, elle
prit sa route à travers les eaux. Convaincue que Meliabeth
l'attendait, elle ne s'arrêta plus à la roche; elle parvint
jusqu'au pied même de la tour, où son père veillait dans la
plus vive impatience. Le pauvre Meliabeth avait deviné
tout ce qui devait arriver, et il avait, avec une partie de
ses vêtements, tressé une espèce de corde dont il laissa
tomber un bout dans la mer; Hal-Mehi y attacha sa lettre,

ses petites limes, puis elle embrassa cette corde avec des transports et des larmes. Il lui semblait que c'était son père lui-même qu'elle couvrait de ses baisers. N'était-ce pas, en effet, quelque chose tout imprégné de lui, qui lui avait servi, qu'il allait toucher, sur quoi il allait recueillir les baisers tièdes encore de sa fille? Et, le cœur tout rempli de joie, la tendre Hal-Mehi se fit violence pour s'enfuir au plus tôt de ce lieu, où elle pouvait à chaque instant être découverte.

Enfin le jour terrible, fatal, arriva pour elle : tout était convenu, arrêté. Les barreaux de la prison de Meliabeth sciés ne résisteraient pas au moindre effort; elle avait fait parvenir à son père une corde à nœuds au moyen de laquelle il pourrait sans danger descendre jusqu'au pied de sa prison. Ce soir-là donc, le fabricant de toiles peintes de Bassora la conduisit jusqu'au bord du fleuve; ils prièrent ensemble; puis il lui dit : « Allez, généreuse enfant; Dieu vous protégera sans doute; pour moi, je reste ici immobile toute la nuit, je vous suis des yeux et de mes vœux les plus ardents, prêt à vous aider au péril même de ma vie. » Hal-Mehi l'embrassa, fondant en larmes, le remercia de tout ce qu'il avait fait pour elle jusqu'alors, et se précipita pour la dernière fois dans ces ondes qui lui étaient connues.

Tout lui fut favorable : elle sut éviter tous les écueils, tous les gardes, plus à craindre encore, et qui rôdaient dans le dehors sur des barques légères. Elle arriva sans malheur au pied de la tour : Meliabeth l'attendait, il l'eut bientôt rejointe. Comment dire cette scène de tendresse mutuelle quand ils furent dans les bras l'un de l'autre? A peine s'ils en pouvaient croire leurs yeux. Mais, après les premiers et muets épanchements, Meliabeth dit à sa fille :

« Chère et malheureuse enfant, ton vieux père peut maintenant mourir, il a serré sur son cœur, non seulement sa
fille, mais la plus héroïque, la meilleure, la plus dévouée
de toutes les filles; il remercie Dieu de lui avoir fait cette
incomparable faveur; mais il s'en rendrait indigne s'il
t'exposait volontairement à la mort en te suivant. Il n'est
pas possible que nous échappions à tous ces dangers qui
nous menacent, surtout moi que l'âge a rendu faible. Retourne sans ton père à Bassora; il lui suffit de t'avoir embrassée et de te savoir vivante et si pieuse; il n'a plus que
quelques jours à vivre, ne nous exposons pas à empoi-
sonner ce reste de vie par quelque malheur. Toi, jeune,
va rejoindre ta tante; peut-être le sophi me rendra-t-il
bientôt à ton amour; va, chère enfant... » Mais Hal-Mehi
ne le laissa pas continuer; elle l'assura qu'elle le sauverait,
qu'elle était assez forte pour le soutenir sur les eaux, et
qu'elle aimerait mieux mourir plutôt que de le quitter!
qu'elle l'avait là avec elle, et que désormais elle vivrait ou
mourrait avec lui! Meliabeth vit bien qu'il ne pourrait
vaincre cette ferme résolution; il sentait bien aussi que la
fuite était son seul moyen de salut : résolus tous deux à
tout braver, ils se mirent à nager silencieusement vers le
rivage lointain; Hal-Mehi soutenait, encourageait le pauvre
vieillard, autrefois si fier, si vaillant sur les champs de bataille, réduit à fuir la nuit aujourd'hui comme un obscur
criminel. Ils firent d'abord bonne route; mais tout-à-coup
Hal-Mehi pousse un cri sinistre, effroyable : son malheureux père, après avoir épuisé toutes ses forces, saisi par
le froid, avait disparu sous les eaux. Ce cri, poussé dans
une solitude profonde et sur la surface des eaux, eut bientôt éveillé tous les gardes; on s'agite, on inspecte tous les
lieux, et bientôt plusieurs barques sont lancées vigoureu-

sement à la poursuite des fugitifs. Cependant Hal-Mehi a
ressaisi son père; le danger lui donne de nouvelles forces,
elle nage avec la rapidité d'un poisson, soutenant son précieux fardeau au-dessus des ondes; mais les barques les
poursuivent toujours; elle a touché le rivage; le généreux
fabricant de Bassora accourait pour les recevoir, ils allaient
se jeter dans une forêt prochaine, ils étaient sauvés.

Alors une grêle de flèches vint les assaillir et percer
Hal-Mehi dans l'épaule gauche. Harassée, brisée de fatigues, les vêtements lourds, imbibés d'eau, perdant tout
son sang, elle ne put fuir qu'avec une extrême lenteur; les

soldats arrivèrent et les firent prisonniers. Meliabeth et sa
sublime enfant furent conduits à Bassora devant le gouverneur ; deux heures après, ils étaient jugés et étranglés.

Quand tous les détails de cette évasion furent connus à
Bassora et à Ispahan, ce ne fut qu'un cri pour blâmer la
précipitation du gouverneur ; le sophi lui-même la désap-
prouva hautement, et il ne put s'empêcher de pleurer son
vieux général. Alors qu'il ne pouvait plus le craindre,
il dit qu'il lui aurait certainement pardonné en faveur de
sa fille. Bientôt la voix publique proclama si hautement
les louanges d'Hal-Mehi-Cantimire, que le sophi institua
une fête publique en son honneur. On érigea une statue
de marbre blanc à cette jeune héroïne : elle est représentée
au moment où elle reçoit dans ses bras son père descen-
dant de la tour.

Chaque année, cette fête est célébrée encore avec pompe :
de toutes les contrées voisines arrivent de pieux pèleri-

nages à Bassora ; les jeunes personnes viennent au pied de
cette statue déposer des couronnes, des fleurs, des fruits ;
puis elles vont visiter les lieux où Hal-Mehi a couru de si
grands dangers, et où elle trouva enfin une si belle mort.

Le fabricant de toiles peintes dont nous avons parlé fit
peindre les malheurs de Meliabeth et de Cantimire, et im-
prima ces peintures sur ses toiles. Bientôt tout le monde
en orna ses appartements ; sa fabrique acquit une immense
réputation, et il fit une fort belle fortune. Les richesses ne
le consolèrent jamais de la perte de Cantimire : il dépensa
des sommes considérables pour honorer sa mémoire, et il
n'en pouvait jamais parler sans verser des larmes.

On a traduit du persan en français l'épitaphe de la jeune
Hal-Mehi :

Hal-Mehi ne parut qu'un instant sur la terre ;
Mais, ô jeunes personnes, ne pleurez pas son sort :
Sauvant Meliabeth, elle affronta la mort.
On est au rang des dieux quand on meurt pour son père.

MADEMOISELLE MARGUERITE ESTANCELIN.

Mademoiselle Marguerite Estancelin vivait à Dieppe vers le milieu du dix-huitième siècle ; elle était fille d'un échevin de cette ville. Cette jeune personne, riche, bien faite, fort aimable et remplie d'instruction, pouvait prétendre aux plus beaux partis ; elle voulut rester vierge, pour pouvoir se consacrer plus parfaitement à la bienfaisance, qui fut, si je puis m'exprimer ainsi, la passion de toute sa vie.

Elle était à peine âgée de sept ans, qu'elle avait déjà *ses pauvres* ; c'étaient de malheureux ouvriers, des matelots blessés ou trop vieux pour pouvoir affronter encore les périls de la mer, qui venaient le soir, en tapinois, sous sa fenêtre, se cachant, tout honteux, pour recevoir ses bienfaits.

Elle demeurait tout en face de l'Hôtel-Dieu ; chaque jour elle voyait entrer dans l'hôpital de pauvres malades ; puis elle les voyait souvent sortir, échappés à la mort pour se trouver en face de l'indigence ; d'un malheur ils tombaient dans un plus grand : l'interruption forcée de leur travail habituel, l'épuisement de leurs forces et de leurs faibles ressources, les livraient sans ouvrage à tous les besoins de la vie, et les réduisaient souvent au désespoir ou

au crime. Son père ne lui refusait jamais l'argent qu'elle
lui demandait pour ses menus plaisirs; dès l'âge de neuf
ans, elle se mit à amasser un petit trésor, cachant soigneusement à tous son projet. Tout ce qu'elle pouvait avoir de
son père, de ses parents, les petits cadeaux qu'on lui faisait aux époques chères à l'enfance, à sa fête, aux étrennes,
tout allait s'entasser dans le petit magasin. Son père, dont
elle était l'unique enfant, remarquait avec peine que l'argent donné à sa fille ne se dépensait pas; il ne pouvait expliquer qu'une aussi charmante enfant pût déjà avoir cette
insatiable passion de l'or, qui ne vient d'ordinaire qu'aux
vieillards. Deux ans se passèrent ainsi. Un grand jour était
venu pour mademoiselle Estancelin; elle était allée pour la
première fois à la table sainte accomplir l'acte important
de la vie d'une jeune chrétienne, sa première communion.
De retour à la maison paternelle, toutes sortes de fort jolis
cadeaux lui furent faits; M. Estancelin allait aussi présen-
ter le sien à sa fille chérie, quand celle-ci l'arrêta, lui disant :
« Je vous demande, mon cher père, comme une grâce, de
choisir moi-même le présent que vous voulez me faire. Je
vois déjà tous les bijoux que vous allez me donner; mais
vraiment ceux de ma pauvre mère, que vous me destinez,
me suffiront toujours : ne pourriez-vous convertir ceux-ci
en une somme de cinq cents livres dont j'ai un pressant besoin?—Chère enfant, lui répondit son père étonné, je veux
faire assurément tout ce qui te conviendra; mais toi, ne
me diras-tu pas quel est ce pressant besoin et ce que tu
peux avoir à faire de cette somme?» Mademoiselle Marguerite tira son père en particulier, et, lui sautant au cou,
elle lui dit : « Voici deux mille cinq cents livres que j'ai
amassées; avec les cinq cents livres que vous m'allez donner, cela fera trois mille; vous les placerez sur l'Hôtel de

ville aujourd'hui même; cela produira, si je sais bien compter, une rente de cent cinquante livres que je veux assurer aux pauvres indigents qui sortent sans ressources de l'Hôtel-Dieu, et dont la vue me fait chaque jour tant souffrir. » Le père, attendri, s'empressa d'accomplir à l'instant la volonté de sa fille, pour sanctifier ce jour mémorable pour elle.

Dès ce moment, la vie, hélas! trop courte, de mademoiselle Marguerite Estancelin ne fut plus qu'une suite des plus admirables actions. C'est à elle que Dieppe doit l'établissement des *Sœurs grises*. Elle employa les quarante mille livres de sa dot à cette fondation; elle ne s'en tint pas là, elle alla solliciter toutes les personnes riches de contribuer à cette bonne œuvre, et elle parvint ainsi à fonder une maison considérable.

Ces sœurs étaient tenues de donner de la soupe à tous les pauvres qui se présentaient. Elles pansaient les blessés et soignaient les malades indigents qui ne pouvaient être admis à l'Hôtel-Dieu.

Un chapelain de Dieppe avait une sœur qui laissa à sa charge, en mourant, sept pauvres petits orphelins. Le bon homme mit tout en œuvre pour pouvoir nourrir et élever cette famille inattendue; mais en vain s'imposa-t-il les plus grandes privations, il ne pouvait y parvenir. Mademoiselle Estancelin eut connaissance de sa détresse : elle se rendit auprès de lui, et se chargea de ces pauvres petits malheureux, auxquels elle assura une existence jusqu'à l'âge de quinze ans. Pendant quelques années qu'elle vécut encore, elle prit soin d'eux, comme s'ils eussent été ses propres enfants.

Cette jeune personne était admirable en toute sa conduite; douce, bonne, avenante, elle était chérie de tout le

monde. On ne pouvait lui faire éprouver un plus grand
déplaisir que de lui parler de ses bonnes œuvres. Quand
la révolution éclata, elle fut peut-être la seule personne
dans Dieppe qui put impunément se livrer à toutes ses
pratiques religieuses. On la regardait comme un ange venu
sur la terre, et les plus farouches n'auraient osé toucher
à cette jeune fille adorée de tous. Elle était d'une faible
santé ; son père ne put jamais obtenir d'elle qu'elle en prît
un soin convenable : elle sortait à toute heure du jour et
de la nuit, quand elle savait qu'elle pouvait être utile. Pendant l'hiver assez rigoureux de 1797 à 1798, elle gagna
un très-fort rhume, qu'elle négligea, et qui la conduisit au
tombeau l'automne suivant. Elle mourut le 5 octobre 1798.
Elle eut le plus beau cortége funèbre qu'on puisse désirer,
la pompe des larmes et des regrets ; la ville entière l'ac-
compagna jusqu'à sa dernière demeure. Sa tombe fut
long-temps comme un lieu saint où les pauvres allaient s'a-
genouiller, prier et déposer des fleurs ou de minimes of-
frandes à leur bienfaitrice.

CHRISTINE DE SUÈDE.

(PORTRAIT DE GUSTAVE-ADOLPHE.)

Les grands hommes, on l'a vu trop souvent, peuvent ne pas être des hommes vertueux ; l'histoire, qui ne doit à tous que la justice, exalte leurs talents, leurs grandes actions, et flétrit leur conduite privée. La jeunesse de la reine Christine fut sans doute digne d'admiration ; mais son éducation fut, à notre avis, entachée d'un vice capital : jeune fille, elle fut élevée d'une manière toute virile ; aussi n'eut-elle aucune de ces vertus charmantes, obscures, toutes parfumées de modestie et de pudeur, qui doivent être le plus bel ornement et qui sont la plus grande gloire de la femme. En dépit des théories

7

modernes, il faut bien convenir que les femmes ne peuvent
tout à la fois participer des deux sexes : elles n'acquièrent les
vertus de l'homme qu'à la condition de perdre les charmes
de la femme. On le voit bien par l'histoire de Christine de
Suède, qui fut, à vrai dire, un homme fort illustre, mais
une femme dont la vie ne peut être proposée pour modèle. Cependant il ne faut pas la juger trop sévèrement :
ses défauts furent bien plutôt la faute de son éducation que
la sienne propre ; on a tout fait pour la rendre ce qu'elle
est devenue ; la nature elle-même sembla s'être trompée
en la mettant au monde : en effet, elle naquit avec plusieurs des signes distinctifs d'un autre sexe. Tout son
corps était velu, à l'exception du visage et des bras ; elle
avait une voix forte et sombre : les femmes répandirent
dans le palais le bruit que c'était un garçon. L'erreur ne
fut pas de longue durée, et la reine, inconsolable de n'a-
voir pas eu un fils, trouva sa fille laide, ayant un teint
basané, des traits mâles et durs ; elle rebuta cette enfant.
Le roi n'en témoigna aucune tristesse ; il ordonna des ré-
jouissances publiques, et les fêtes accoutumées à la naissance de l'héritier présomptif de la couronne. A la princesse Catherine, sa sœur, qui s'était chargée du soin de
le désabuser, il dit tranquillement : « Remercions Dieu, ma
sœur ; j'espère que cette fille me vaudra bien un garçon.
Je prie Dieu qu'il me la conserve, puisqu'il me l'a donnée. »
Et il ajouta en riant : « Cette fille sera habile, car elle nous
a tous trompés. »

Christine naquit le **18** octobre **1628**. Tous les astrolo-
gues avaient prédit qu'il devait naître un prince ; le roi de
Suède, son illustre père, Gustave-Adolphe, était dangereu-
sement malade, ils faisaient craindre pour ses jours ; ils
disaient aussi qu'il fallait trembler pour la reine et son en-

fant : la conjonction des planètes le voulait ainsi. Jamais l'astrologie, la science des sots et des crédules, ne fut plus en défaut. Le roi recouvra promptement la santé, la reine se rétablit heureusement, et l'enfant, Christine de Suède, vécut de longues années; bien plus, toutes les tentatives faites pour abréger ses jours échouèrent constamment.

Quelque temps après sa naissance, une poutre tomba près du lit où elle dormait, sans l'atteindre; les femmes chargées de prendre soin d'elle lui firent faire plusieurs chutes dangereuses, soit par imprudence, soit peut-être par des attentats contre sa vie, comme Christine elle-même le certifie dans ses Mémoires; mais de tous ces accidents, il ne lui resta qu'un peu d'irrégularité dans la taille, défaut qu'elle sut cacher par sa manière de s'habiller.

Gustave-Adolphe eut le tort, selon nous, de donner à sa fille une éducation tout-à-fait virile. Il la menait avec lui dans ses voyages; et elle n'avait pas deux ans encore, qu'il la conduisit à Colmar. Le gouverneur de la place demanda s'il fallait faire, à l'arrivée de sa majesté, les salves accoutumées de la garnison et des canons de la forteresse, parce que l'on craignait d'effrayer la jeune Christine. Gustave hésita d'abord; mais après un instant de silence : « Faites tirer, dit-il; elle est fille d'un soldat, il faut qu'elle s'accoutume au canon. »

L'enfant, loin de s'épouvanter de ce bruit militaire, riait, battait des mains et demandait par ses gestes et par sa joie qu'on redoublât. Depuis ce moment, Gustave, qui recueillit avec complaisance les marques d'intrépidité naturelle de sa fille, la mena voir la revue de ses troupes, et, observant le plaisir qu'elle prenait à cet appareil martial, il lui disait : « Allez, laissez-moi faire, je vous mènerai un jour en des lieux où vous aurez contentement. »

Cependant Gustave fut appelé à prendre le commandement des troupes confédérées, pour arrêter dans son cours
la puissance formidable de la maison d'Autriche. Cette
guerre devait être longue; le roi en prévit toutes les chan-
ces, et disposa tout comme s'il ne devait plus revenir dans
sa capitale. Il fit reconnaître sa fille par les états et par
les armées pour son unique héritière et pour reine de
Suède, s'il venait à mourir. Il chargea la princesse Catherine, sa sœur, et le prince palatin, son beau-frère, de l'éducation de cette fille chérie, et laissa aux états le soin de
fixer le temps de la majorité de leur jeune souveraine, suivant la maturité et la capacité de son génie. Ensuite il se
disposa pour son grand voyage. On avait appris à la petite
Christine un compliment qu'elle devait réciter pour ses
adieux : Gustave, distrait, marquait peu d'attention ; mais
l'enfant le tira par son habit, et fit tourner vers elle son
père, qui, attendri, la prit entre ses bras et l'arrosa de ses
larmes. C'était Hector quittant Astyanax.

Christine fut inconsolable de l'absence de son père; elle
pleura plusieurs jours, au point de faire craindre pour sa
vue, qui était très-faible; elle ne devait plus le revoir. Le
16 novembre 1632, dans les plaines de Lutzen, Gustave,
après avoir mis en déroute les ennemis, et se préparant à
poursuivre les fuyards, fut tué à la fleur de son âge, au
milieu des siens, sans qu'on ait jamais su d'où partit le
coup qui lui donna la mort. Il semblait que le héros avait
pressenti son malheur : avant de livrer la bataille de Lutzen, il écrivit au grand chancelier, le célèbre Axel Oxenstiern, une lettre dans laquelle il traçait ses dernières volontés et lui recommandait de veiller aux intérêts de
Christine.

Quand se fut répandue la triste nouvelle, et que le corps du monarque eut été transporté en Suède, la douleur de Christine, alors âgée de quatre ans, fut immense; on ne pouvait la consoler. Quelquefois, pour la divertir, on lui donnait la compagnie des bouffons et des nains, que les cours de l'Europe, et surtout celles d'Allemagne, entretenaient autrefois; mais la jeune princesse détestait et fuyait ces vils et insipides amusements, et s'y dérobait pour se livrer à l'étude. C'est de ce moment que date la passion qu'elle prit pour le travail et la lecture. Cependant les états de Suède s'assemblèrent, et le maréchal de la diète proposa de couronner Christine. Aussitôt un membre de l'ordre des paysans, l'interrompant, lui demanda : « Quelle est cette fille de Gustave? Nous ne la connaissons pas; qu'on nous la montre. » Le grand chancelier va aussitôt chercher Christine et l'apporte dans ses bras. Alors le paysan s'approche, la considère attentivement et s'écrie :

« Oui, c'est elle-même! voilà le nez, les yeux, le front de Gustave-Adolphe. Nous la voulons pour notre souveraine! »

Elle fut aussitôt installée sur le trône et proclamée roi.

Le nom de Christine était devenu le cri de guerre dans les armées suédoises, et les chefs lui avaient déjà prêté serment de fidélité. L'on vint déposer à ses pieds les trophées remportés sur les ennemis à la fatale journée de Lutzen. Cette auguste enfant aimait à représenter. La Russie ayant envoyé des ambassadeurs pour faire ratifier son alliance avec la Suède, on craignit que ces Moscovites, qui étaient en grand nombre, qui avaient de longues barbes, de grands habits, un cérémonial singulier, et quelque chose de barbare même dans leur politesse, n'effrayassent Christine; mais elle se fit, au contraire, une fête de cette entrevue, qu'on lui représentait comme bien terrible.

Christine, élevée sur un trône, soutint son personnage
avec beaucoup de fermeté et de dignité, et elle imposa à
ces ambassadeurs, qui ne purent méconnaître en elle la
fille d'un roi et d'un héros.

Christine montra, dès sa plus tendre jeunesse, une con-
ception aisée et une ardeur incroyable pour l'étude de la
politique, des sciences et des langues.

Elle apprenait l'histoire ancienne dans les originaux, et
faisait particulièrement sa lecture de Polybe et de Thu-
cydide. Elle avait le cœur et les sentiments d'une amazone.

Le sénat, suivant les errements du feu roi, continua
à lui faire donner une éducation toute d'homme, non seulement pour les exercices de l'esprit, mais encore pour ceux
du corps. Christine fit voir, dès son enfance, une antipa-
thie invincible pour tout ce que font et disent les femmes.
Elle était d'une maladresse étonnante dans les petits ou-

vrages de main; elle montrait, au contraire, des dispositions singulières pour les études les plus abstraites, pour les travaux et les exercices les plus fatigants d'une éducation mâle et vigoureuse. On recueillit ce qu'on avait semé.

Presque au sortir de l'enfance, Christine gouvernait avec une habileté incroyable; elle présidait son conseil, et trouvait toujours le meilleur expédient dans les circonstances difficiles que l'état de guerre amenait sans cesse. Mais il ne lui resta presque aucune des qualités et des vertus de son sexe. A la tête d'un royaume florissant dont elle pouvait disposer avec le don de sa main, nombre de jeunes souverains ou de fils de souverains ambitionnèrent la gloire de l'épouser ; mais aucun ne fut agréé.

La politique, la diversité de religion, de mœurs, d'intérêts, étaient les prétextes dont Christine se servait pour motiver ses refus; mais c'est qu'en effet elle avait, dès sa plus tendre jeunesse, conçu de l'aversion pour le mariage.

Christine, ayant eu seize ans accomplis en décembre 1644, prit ouvertement et légalement les rênes du gouvernement qu'elle tenait déjà de fait. Elle se mit dès lors à la tête des affaires et fut à elle-même son premier ministre. Aucune souveraine n'eut dans l'âge des plaisirs et de la dissipation plus de goût et de talent pour le travail de cabinet. Elle variait ses amusements, comme elle le disait elle-même, en variant ses études. Aussi était-elle une des femmes les plus savantes de son siècle.

C'est vers la fin de l'année 1645 qu'eut lieu contre Christine une tentative d'assassinat, qui ne servit qu'à faire éclater encore son intrépidité et sa magnanimité. Elle était avec les principaux seigneurs de sa cour, dans la chapelle du château de Stockholm, pour assister à l'of-

fice divin et à la prédication ; un furieux vint à elle dans
le dessein de l'assassiner. Cet homme, précepteur de col-
lége et dans la force de l'âge, choisit le moment que l'assemblée était dans le recueillement : il s'élance au travers
de la foule et se jette dans une balustrade un peu élevée,
où la reine était à genoux. Le comte Brahé, drotset ou
grand juge de Suède, pousse un cri d'effroi. Les gardes
croisent leurs pertuisanes pour arrêter ce forcené ; mais
il les heurte avec raideur, saute par dessus la barrière qui
lui est opposée, et dans un instant il se trouve auprès de
la reine et va pour la frapper d'un couteau sans gaîne,
qu'il tenait caché dans sa manche. Christine évite le coup,
et pousse son capitaine des gardes, qui se précipite aussitôt
sur l'assassin et le saisit par les cheveux. Tout cela fut
l'affaire d'un moment. On reconnut que ce malheureux
était un frénétique et qu'il n'avait point de complices. On
se contenta de l'enfermer. Christine se remit en prières.
Le pressant danger qu'elle venait de courir ne lui causa
qu'une émotion qui fut insensible aux yeux des spectateurs, beaucoup plus effrayés qu'elle-même.

La paix fut définitivement signée au mois d'octobre
1648.

Les états, voyant le calme rétabli, prièrent la reine de se
choisir un époux et de nommer leur roi ; à ces sollicitations, Christine répondit : « J'aime mieux vous désigner
un bon prince et un successeur capable de tenir avec
gloire les rênes du gouvernement. Ne me forcez donc
point à me marier. Il pourrait aussi facilement naître de
moi un Néron qu'un Auguste. » En conséquence elle dé-
signa comme devant lui succéder son cousin, Charles-
Gustave, prince palatin, qui, dès ce moment, eut le titre
d'altesse royale. Cette mesure fut suivie du couronnement

de la reine, qui se fit à Stockholm, avec une magnificence extraordinaire, digne de l'éclat de ce règne et de la gloire dont la Suède jouissait. Christine monta, en sortant de l'église, dans un superbe char traîné par quatre chevaux blancs. Devant elle marchait son trésorier, jetant au peuple des médailles d'or et d'argent. Cette jeune reine méritait en effet les honneurs du triomphe, après avoir rendu la paix à l'Europe et après avoir imposé des lois aux nations les plus belliqueuses.

Christine avait convoqué dans sa cour tous les beaux génies de l'Europe. Grotius, Descartes, Saumaise, Meibom, Naudé, Vossius, Bochart, Heinsius eurent part à ses bienfaits. Le célèbre Blaise Pascal ambitionna son approbation et l'appelait une reine incomparable. Christine entendait onze langues et elle en parlait plusieurs avec facilité.

Il était dit que rien ne se passerait dans la vie de cette illustre femme selon les lois ordinaires.

Au milieu de toute cette gloire, de toutes ces grandeurs, elle prit subitement la résolution d'abdiquer. Elle fit rassembler les sénateurs dans la ville d'Upsal, et leur déclara son intention de remettre la couronne à Charles-Gustave. Oxenstiern, au nom de tous les ordres de l'Etat, Charles-Gustave lui-même, la supplièrent en vain de revenir sur cette détermination; elle fut inébranlable.

Le 21 mai, sur son ordre, les états-généraux s'assemblèrent dans la même ville, et là, en leur présence, et malgré toutes les instances et toutes les représentations, elle résigna le sceptre au prince Charles-Gustave, et le 16 juin 1654 elle signa l'acte d'abdication; le même jour, Charles-Gustave fut proclamé et couronné roi de Suède. Une médaille fut frappée en commémoration de cet événement, avec cette légende : « Je tiens la couronne de Dieu et de Christine. »

Christine s'éloigna de la Suède avec la ferme intention de n'y jamais rentrer, et parcourut successivement plusieurs contrées. Elle voyagea en Italie, en France, en Allemagne, où sa conduite fut toujours bizarre. Sans conviction bien profonde en religion et en morale, elle alla comme un vaisseau sans gouvernail, flottant à tous les vents, aujourd'hui faisant bonne route et demain naufrage. Enfin elle mourut à Rome le 19 avril 1689. La reine Christine avait abjuré le protestantisme, et avait fait profession de la religion catholique romaine dans l'église cathédrale d'Inspruck, durant l'année 1655. Ses obsèques furent magnifiques, quoiqu'elle eût recommandé beaucoup de simplicité ; et le pape fit composer en son honneur une épitaphe fastueuse, malgré la disposition par laquelle cette reine ne voulait sur son tombeau que ces mots : *Vixit Christina annos* LXIII. Elle fut inhumée dans l'église de Saint-Pierre avec l'habit qu'elle s'était fait faire à ce dessein. On voit encore le buste doré de cette princesse au-dessus de sa sépulture.

Géniole Inv.t   HENRIETTE DE FRANCE.   Challamel. lith.

ANNE-HENRIETTE DE FRANCE.

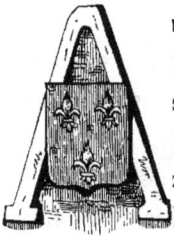

nne-Henriette de France naquit le 14 août 1727. Elle fut avec madame Louise-Elisabeth le premier fruit du mariage de Louis XV, roi de France, avec Marie Leczinska, fille de Stanislas Leczinski, roi de Pologne.

Cette jeune princesse était née avec un cœur excellent. Elle n'avait encore que quatre ans, un vitrier était occupé dans son appartement; elle s'approcha de lui, l'entretint, et apprenant qu'il avait une petite fille, dont il lui faisait un grand éloge : « Je voudrais bien, lui dit-elle, que vous lui remissiez quelque cadeau de ma part. » Elle chercha partout, et ne trouvant rien, elle détacha son tablier, et força le vitrier à l'emporter pour sa fille.

Ce penchant à la bienfaisance, qui semblait inné chez elle, ne fit que s'accroître avec l'âge. Elle avait environ quinze ans, lorsqu'un jour les courtisans parlaient beaucoup, au jeu de la reine, d'une banqueroute considérable qui venait de jeter la consternation dans le commerce de Paris ; plusieurs personnes de la cour y perdaient de fortes sommes. Ce fut le sujet de conversation de toute la soirée ; bientôt les courtisans qui entouraient la reine en parlèrent aussi : chacun disait son avis sur les meilleurs moyens de placer ses fonds avec le moins de danger ; tous tombaient d'accord que c'était chose très-difficile. « Tout cela, dit enfin la reine, ne vaut pas le moyen employé par madame Henriette. Elle place toutes ses épargnes à fonds perdu, et, pour plus de sûreté, elle met hypothèque sur l'humanité tout entière, qui, de l'hiver dernier, lui est redevable de la vie de plusieurs malheureux qui seraient morts de misère si elle n'était venue à leur secours.

« Je n'ai pas tant de mérite que vous dites, madame, reprit la princesse ; chacun se divertit à sa manière. Je ne sais pas jouer ; vous m'accordez tout ce que je désire ; je n'ai jamais trouvé aucun moyen qui me soit plus agréable de dépenser l'argent que le roi me donne. »

Madame Henriette n'est pas une princesse bien célèbre. L'histoire en parle peu : elle ne fut qu'une jeune fille admirable par ses vertus. Elle aimait mieux soulager l'indigence que de donner avec l'argent du peuple des fêtes fastueuses. Placée au premier rang par sa naissance, elle s'effaçait sans cesse ; on ne la vit presque jamais dans les divertissements que Louis XV donna à sa cour ; elle ne fut d'aucune intrigue ; elle priait Dieu pour la France, et croyait qu'elle ne devait pas se mêler autrement du gouvernement. Elle ne connaissait pas la raillerie qui blesse ou la médisance qui flétrit. Son esprit, bon, aimable, orné, n'était pas fécond en reparties promptes, en saillies brillantes ;

elle n'avait que de la raison et du bon sens, toutes qualités obscures, modestes, simples. L'histoire s'occupe des batailles, du sang versé, des révolutions, des crimes, mais non de ces existences douces, suaves, angéliques, que nous recherchons avec soin, et dont nous nous faisons l'historien.

Madame Henriette avait une vertu bien rare et bien précieuse, elle savait garder un secret. A l'âge de sept ou huit ans, elle fut soupçonnée à tort d'avoir rapporté une chose qu'on lui avait dite. Au premier reproche qu'on lui en fit, elle fut pénétrée d'une si vive douleur, que le soir même elle tomba malade. Au bout de deux jours, on découvrit son innocence; elle en éprouva une si grande joie, qu'elle en recouvra presque aussitôt la santé. Elle avait pour son frère, M. le duc de Bourgogne, une affection toute particulière, qui semblait beaucoup moins être excitée par les liens du sang que par la conformité de leurs goûts et de leur caractère. Dans une grande fête, donnée par le roi à Versailles, ces deux enfants de France ne purent se dispenser de figurer dans un quadrille : le dauphin dansa avec madame Henriette. Aussitôt qu'ils eurent fini leur menuet, les courtisans les vinrent complimenter sur leurs grâces, sur le charme et la légèreté de leur danse. Un évêque se joignit aux flatteurs. M. le

(DUC DE BOURGOGNE.)

dauphin répondit qu'on ne pouvait lui faire plus de déplaisir que de le complimenter sur une qualité si puérile et surtout si indigne d'un prince : « Je ne

partage pas votre opinion, dit madame Henriette ; je me range
de l'avis de ces messieurs : une danse exécutée avec délicatesse et selon les règles minutieuses de l'art a son mérite.
Seulement, pour rendre cette cérémonie plus majestueuse,
quand vous serez, mon frère, roi de France, je vous conseille
d'ordonner que lorsqu'un dauphin dansera, ce sera un
évêque qui jouera du violon. » Madame Henriette aimait
beaucoup l'étude, mais elle s'attachait surtout aux sciences
propres à former et à orner l'esprit. Dès l'âge de seize
ans, on lui retira ses maîtres ; elle avait fait déjà plusieurs
petits traités sur les différentes matières qu'elle avait étu-
diées. On peut juger de ces travaux par leurs titres. C'é-
taient des abrégés de chronologie universelle, d'histoire de
France, de géographie, de sphère, d'histoire universelle.
Elle les avait déposés entre les mains de madame la duchesse
de Tallard, pour être un jour publiés. Mais dans la suite
elle exigea qu'ils fussent brûlés.

Lors de la naissance de madame Henriette et de madame
Élisabeth, Louis XV, voyant toute la cour désappointée,
et qui aurait mieux aimé un prince, prit un air satisfait, et
s'avançant au milieu des courtisans, il leur dit : « Messieurs,
à la première un dauphin ! » Et comme charmé d'avoir ses
deux filles, il ajouta : « Dans quinze ans on me fera la cour
pour les avoir. »

Cinquante ans plus tard, Louis XV aurait été mauvais
prophète, et peu de princes sans doute auraient sollicité
la main de ses filles dispersées par la révolution sur la terre
étrangère. Mais alors on entendait sans s'en soucier les
craquements du trône ébranlé ; on laissait amonceler les
tempêtes qui ne devaient éclater que sous un autre règne,
et Louis XV dit vrai : la main de madame Henriette fut
demandée par plusieurs princes des meilleures maisons de

l'Europe, mais la princesse refusa toujours. Elle semblait avoir le pressentiment de sa fin prochaine, et comme elle était d'une grande piété , elle voulait , disait-elle , paraître vierge devant Dieu.

Fort peu de temps avant la maladie qui termina ses jours, la princesse dit un matin avec beaucoup de calme : « J'ai fait ce matin un singulier rêve; vous me conduisiez morte à Saint-Denis. » On lui objecta que ce pressentiment n'avait rien de sérieux, et qu'il y aurait de l'enfantillage à y attacher quelque importance; on ne put la faire changer d'idée. « Préparez-vous à me rendre les derniers devoirs, disait-elle; pour moi, je vais me tenir prête à mourir. »

Le rêve de la princesse ne tarda pas à s'accomplir.

La famille royale avait dîné à Trianon. Au retour, Madame rentra dans son appartement; le soir elle devait souper chez madame la dauphine. Tout-à-coup elle dit à un officier : « Qu'on aille avertir que je ne sortirai plus d'ici. — C'est-à-dire, madame, répondit l'officier, que vous ne souperez pas chez madame la dauphine. — Oui, répondit-elle en riant, c'est ce que je veux dire. » Puis, se tournant du côté de sa femme de confiance, elle ajouta : « Ce que j'ai dit sans réflexion n'en sera pas moins vrai. Je ne sortirai plus d'ici. » Depuis plusieurs jours, un dépôt s'était formé dans la tête; elle souffrait beaucoup, et fut forcée de prendre le lit. Trois jours après, les médecins déclarèrent qu'il n'y avait plus d'espoir. L'idée d'une mort si prochaine jeta d'abord le trouble dans son esprit; elle se pencha sur le sein du roi et versa des larmes abondantes; mais bientôt elle surmonta cette faiblesse; la religion vint à son secours. La pieuse Henriette, devenue plus calme, s'abandonna à la volonté de Dieu; ses gémissements se changèrent en prières, et elle demanda les secours de l'Église. Toute la cour assista à la cérémonie du viatique; tous pleuraient de voir cette princesse mourir à la fleur de son âge; madame Henriette seule avait le courage d'envisager sa fin avec calme. Quand elle eut reçu le viatique, il fallut forcer le roi, qui l'avait veillée plusieurs fois, à se retirer : mais il ne fut pas possible de faire prendre aucun repos à la reine. La mort de Madame fut celle d'une sainte : elle s'endormit dans le Seigneur. Elle rendit doucement le dernier soupir le 10 février 1752, âgée à peine de vingt-cinq ans.

On ne peut s'empêcher de remarquer l'étrange fatalité qui frappa les rois Louis XIV et Louis XV. Ces deux monarques virent mourir tous leurs enfants à la fleur de l'âge et n'eurent pour successeurs que leurs petits-fils. Cette transmission indirecte de la couronne n'est-elle pas comme la préface de cette révolution qui devait violemment briser la chaîne des rois?

LOUISE LABBÉ.

'an 1542, le dauphin de France,
Henri, duc d'Orléans, était venu
rejoindre l'armée française,
campée sous les murs de Perpignan, qu'elle assiégeait en vain.
Des maladies contagieuses s'é-
taient mises parmi les troupes;
et avec les ducats d'Espagne
Charles-Quint avait refroidi le
zèle de quelques capitaines qui
entouraient le dauphin. Cependant il se livrait de temps à
autre des combats partiels. Un jour les assiégés firent
une sortie pour aider un convoi de vivres à entrer dans
la place; un des plus braves capitaines de l'armée française, dont l'histoire ne nous a pas conservé le nom,

9

BIBLIOTHÈQUE ROYALE

s'était précipité sur eux, à la tête de ses compagnons
d'armes, et les avait culbutés. Les Espagnols regagnaient
en toute hâte les portes de Perpignan; entraîné par son
ardeur, le guerrier s'élance à leur poursuite, et ne s'a-
perçoit qu'il n'est point suivi qu'au moment où il se
trouve environné d'ennemis. Il met résolument l'épée à
la main, et se défend contre leurs attaques avec le courage du désespoir. Il allait succomber sous le nombre,
lorsqu'il vit arriver à bride abattue un jeune officier;
quelques soldats l'accompagnent. Bientôt le capitaine, si
malheureusement engagé, est délivré et ramené au camp.
Son libérateur, le jeune capitaine Loys, est reçu par les
acclamations des soldats, témoins de sa rare vaillance.

Ce trait fit du bruit et arriva jusqu'aux oreilles du dauphin. Il voulut voir le brave capitaine Loys et le manda
dans sa tente. Le guerrier s'y présenta et mit devant le
prince un genou en terre, mais en laissant baissée la visière de son casque.

« Votre éloge est dans toutes les bouches, lui dit le
dauphin en lui faisant signe de se relever; toute l'armée
vous proclame un héros. D'où vient donc que vous ne
vous faites pas connaître?

— Gentil dauphin, répondit l'officier, les motifs qui
me font désirer de rester inconnu sont de telle nature,
que je ne puis les révéler à personne. Permettez-moi donc
de garder mon secret.

- Mais alors, qui a pu vous engager à venir combattre
dans nos rangs?

— Mon amour pour le roi, le désir de lui aider à effacer la honte de sa captivité et à venger le royaume des
outrages que lui a fait subir l'empereur Charles-Quint,
l'envie de servir sous les ordres de notre gracieux dauphin.

— Très-bien, *capitaine Loys!* mais si vous nous cachez votre nom, du moins montrez-nous vos traits. Nul devant le dauphin de France ne doit rester visière baissée. »

À ces mots on vit le jeune guerrier tressaillir; il se troubla, voulut balbutier quelques paroles; mais sur un geste plus impératif du prince, il enleva son casque, et aussitôt de longues boucles de cheveux tombèrent sur ses épaules, et ses joues se couvrirent d'une modeste rougeur.

Le dauphin resta frappé d'étonnement; ce jeune militaire si brave, si audacieux, dont le bras maniait avec tant de dextérité une épée, c'était une femme ou plutôt presque un enfant; c'était une jeune fille de seize ans, *Louise Labbé*, notre héroïne.

Plusieurs des principaux chefs de l'armée se tenaient debout à côté du dauphin.

« Vous le voyez, messires, leur dit-il en souriant, nous défendons la bonne cause, et nous ne pouvons manquer de la gagner, puisque les dames ont pris parti pour nous. »

Alors, s'avançant vers Louise Labbé, qui était restée un genou en terre, il la releva, et lui donnant l'accolade, il lui dit :

« Jeanne d'Arc a chassé les Anglais et conservé la couronne à l'un de mes ancêtres; vous marchez sur ses traces en voulant venger l'affront fait à celle de mon père et en combattant les Espagnols. Capitaine Loys, je vous fais *chevalier*. »

Il ne paraît pas cependant que Louise Labbé suivit long-temps encore la carrière des armes; l'histoire ne nous a point transmis le détail de ses exploits; elle nous dit simplement qu'elle continua à donner des marques de la plus grande valeur, et que le bruit de sa gloire se répandit d'un bout de la France à l'autre.

Sans doute, elle revint à Lyon lorsque le roi François Ier manda à son fils qu'il eût à lever le siége, dans la crainte que, la saison des pluies arrivant, les torrents qui coulent à travers le vallon situé entre Perpignan et Salses n'empêchassent le retour de son armée.

Si Louise Labbé s'est rendue célèbre par son courage, elle s'est rendue plus célèbre encore par son génie : ses historiens l'appellent un phénomène littéraire. Elle balança la réputation de la reine de Navarre, et surpassa celle de Clémence de Bourges et de Pernette du Guillet, ses compatriotes.

Louise Labbé naquit à Lyon en 1526. Le nom de Labbé qu'elle porta n'est qu'un sobriquet de son père, qui se nommait Charly. Ses parents étaient pauvres; néanmoins les heureuses dispositions qu'on découvrit en elle les engagèrent à lui donner une éducation distinguée. Elle en profita au-delà de leurs espérances. A peine sortie de l'enfance, douée de la voix la plus séduisante, elle excellait dans la musique; elle savait le grec, le latin, l'italien, l'espagnol, et elle avait fait des vers fort remarquables dans ces différentes langues. Elle s'était perfectionnée dans les divers exercices du corps qui constituent l'homme de guerre; elle dit dans ses poésies :

Qui m'eût vu lors en armes fière aller,
Porter la lance et bois faire voler,
Faire devoir au combat furieux,

Picquer, volter le cheval glorieux,
Pour Bradamante ou la haute Marphise,
Sœur de Roger, il m'eût possible prise.

Cette jeune fille, qui se battait si vaillamment, qui chan-
tait si admirablement ses exploits guerriers, qui chassait
les bêtes dans les bois, n'était pas étrangère cependant
aux mœurs douces et polies de son sexe : elle excellait
dans tous les ouvrages qui faisaient l'occupation des jeunes
personnes, et notamment dans la tapisserie.

Voici ce qu'elle en a dit elle-même dans une de ses
élégies; on se rappellera qu'il y a plus de trois siècles
que ces vers ont été composés :

Pour savoir bien avec l'aiguille peindre,
J'eusse entrepris la renommée éteindre,
De celle-là qui, plus docte que sage [1],
Avec Pallaz comparoit son ouvrage.

« Elle recevoit gracieusement en sa maison, dit un auteur contemporain, avec des entretiens pleins de charmes,
délicieuse musique tant à la voix qu'aux instruments, et elle
y excelloit, lecture de bons livres latins, italiens, espagnols, etc., dont son cabinet étoit copieusement garni,
collation d'exquises confitures. »

Son cœur était tendre et bon, son âme forte et élevée;
tous ses goûts furent des passions. Nous avons vu déjà
comment elle eut celle de la guerre; cette passion se con-
cilierait mal aujourd'hui avec nos mœurs, avec nos idées;
mais il faut se reporter à ce temps où le souvenir de
Jeanne d'Arc était encore palpitant; d'ailleurs l'exemple
de quelques héroïnes de son siècle servait à justifier et à
redoubler son audace.

[1] Arachné, que Minerve, indignée, métamorphosa en araignée.

Ce fut au retour de ses combats qu'elle s'adonna plus particulièrement à la poésie ; elle n'avait guère plus de seize ans :

Je n'avois vu encore seize hyvers.

Elle publia pour son début une charmante comédie ; ce fut la seule qui parut dans son siècle. On ne saurait rien trouver de plus gracieux. L'antiquité n'offre aucune fiction plus ingénieuse et plus morale que celle qui sert de base à cette jolie pièce ; elle l'a dédiée à Mlle Clémence de Bourges, son amie et sa rivale : « Le temps est venu, dit-elle dans sa dédicace, que les sévères lois des hommes n'empêchent plus les femmes de s'appliquer aux sciences. » Et plus loin : « Je ne puis faire autre chose que prier les vertueuses dames d'élever un peu leurs esprits par dessus leurs quenouilles. » On voit que les *idées nouvelles* sur l'émancipation des femmes datent de loin.

Louise Labbé publia encore, mais plus tard, vers 1555, un volume de poésies composées depuis plusieurs années.

Elles sont écrites dans un style plein d'énergie et de goût ; ce sont de touchantes élégies sur ses malheurs. Cette jeune fille, comparable à Sapho pour le génie, a mérité les mêmes reproches qu'elle ; elle ne sut pas résister à cette dévorante passion qui précipita la jeune Lesbienne du rocher de Leucate. Louise Labbé expia aussi bien durement sa faute. Auparavant, enivrée d'encens, entourée d'hommages, elle était heureuse ; mais bientôt tout le monde l'abandonna : privée de ressources, elle était près de la misère, quand un homme enrichi dans le négoce et d'un âge assez avancé, Ennemond Perrin, son ami le plus ancien et le plus dévoué, fut touché de sa fâcheuse position. Il lui fit l'offre de sa main ; elle l'accepta, et des jours de bonheur recommencèrent à luire pour elle. Son mari faisait un commerce considérable de cordages; Louise Labbé reçut le surnom de la *belle cordière*. La maison qu'elle habitait était une des plus belles de la ville; ses jardins étaient immenses et très-ornés pour le siècle où elle vivait. On y a bâti dans la suite une rue qui porte encore le nom de la Belle-Cordière.

Son mari lui avait voué une affection sans bornes; l'intimité la lui rendit plus chère encore. Chaque jour lui révéla dans l'épouse qu'il avait choisie de nouveaux trésors de grâce et de bonté; en retour, il disposa, dans les derniers moments de sa vie, de tous ses biens en sa faveur.

Voici le portrait qu'on nous a laissé d'elle :

« Elle n'avait ni trop ni trop peu d'embonpoint; sa taille était aisée, fière et noble; elle avait la peau d'une blancheur éblouissante, les lèvres vermeilles et les joues colorées, les yeux et le front grands, de belles dents, un rire gracieux, des formes enchanteresses, un cou de cygne, de longs cheveux blonds, les sourcils et les cils noirs. »

Louise Labbé mourut, dans la quarantième année de son âge, sincèrement regrettée de tous ceux qui l'avaient particulièrement connue, et qui avaient pu juger des torts de l'opinion publique envers elle.

Louise Labbé jouit pendant toute sa vie, et surtout pendant sa jeunesse, d'une grande réputation : tous les poètes à l'envi ont célébré sa gloire. Comment se fait-il qu'elle soit aujourd'hui presque entièrement oubliée? Si l'on compare cependant ses œuvres avec les ouvrages les plus vantés des règnes de François I⁰ʳ et de François II, on la trouvera bien supérieure à tous les poètes de son temps. On sera frappé de la justesse de son esprit, de la délicatesse de son goût, de la pureté et de l'élégance de son style. Nous en citerons l'exemple suivant, qui donne à la fois une belle idée de son cœur et de son talent :

LES CARACTÈRES.

L'un n'est content de sa sorte de vie
Et toujours porte à ses voisins envie ;
L'un, forcené de voir la paix en terre,
Toujours y souffle et le trouble et la guerre ;
L'autre, croyant l'indigence être vice,
A son seul dieu, à l'or, fait sacrifice ;
L'autre sa foi parjure il emploiera
A décevoir celui qui le croira ;
Qui en mentant de sa langue lézarde
Mille brocards sur l'un et l'autre darde.
Je ne suis point sous ces planètes née
Qui m'auroient pu tant faire infortunée ;
Jamais mon œil ne fut marri de voir
Chez mon voisin mieux que chez moi pleuvoir ;
A faire gain jamais ne me soumis ;
Onc ne mis noise et discorde entre amis ;
Mentir, tromper, et abuser autrui,
Tant m'a déplu qu'à médire de lui ;
Mais si en moi y a trait imparfait,
Qu'on blâme amour, c'est lui seul qui l'a fait.

Géniole Inv.ᵗ   JEANNE D'ARC.   Challamel Lith.

Jeanne d'Arc naquit à Domremy, petit village près de Vaucouleurs, en Lorraine, vers l'an **1410**. Son père s'appelait Jacques d'Arc, et sa mère Isabelle. Elle avait trois frères. Cette famille était pauvre, mais unie, laborieuse, honnête. Jeanne, selon les uns, passa sa jeunesse à garder les troupeaux; selon les autres, elle était lingère et filandière; mais ceux-là ajoutent qu'elle alla garder les chevaux dans un pays voisin de Domremy, et que c'est là qu'elle apprit à monter un cheval comme aurait pu le faire le meilleur cavalier; une troisième version dit qu'elle servait dans une petite auberge de Neufchâteau. Ce qui est certain, c'est que sa conduite, avant comme après les grandes actions qui la firent connaître, fut toujours ir-

10

réprochable; elle était douce, pieuse. Les historiens qui tracent son portrait disent qu'elle avait une figure d'une douceur angélique, qu'elle était d'une taille majestueuse, quoique médiocre, fine et souple; mais que sous les armes on l'aurait volontiers prise pour un des plus fiers et des plus nobles chevaliers de son temps, tant elle portait avec grâce et aisance le casque ombragé de plumes blanches, la cotte de mailles, la cuirasse et cette noble bannière qui fut toujours triomphante entre ses mains.

On a peu de documents certains sur son enfance. Qui s'occupait alors d'une pauvre petite villageoise, vivant comme toutes ses compagnes, simple, modeste, aux champs l'été, l'hiver près du foyer domestique? Qui aurait pu penser que cette pauvre enfant devait être un jour le sauveur de la France, le médecin qui rendrait la vie, la santé, la force à ce grand corps tout mutilé, épuisé, flétri, abandonné, mourant?

Mais il faut bien se rappeler quel était alors l'état de ce royaume de France, aujourd'hui si grand, si fort, si respecté.

Charles VII était roi de France depuis environ six ans. Mais de quel royaume avait-il hérité de son malheureux père Charles VI! Pendant le règne désastreux de ce monarque tombé en démence, les Anglais, les ducs de Bourgogne et de Bretagne, Isabeau de Bavière elle-même, l'indigne reine de France, s'étaient jetés sur le royaume comme des chiens font à la curée, le déchirant, le dépeçant, emportant chacun un morceau. A leur exemple, les nobles, les seigneurs étaient tombés sur le peuple comme l'oiseau de proie sur la pauvre brebis; ils l'avaient abattu, pressuré, tondu, abîmé, écrasé. « Certes, dit un » ancien historien, l'état de France étoit fort misérable.

» Partout il ne paroissoit qu'une horrible face de confusion
» de pauvreté, de dégât, de solitude, de frayeur. Le maigre
» et décharné paysan faisoit horreur aux brigands mêmes,
» qui n'avoient plus rien à piller que les cadavres de ces
» misérables, rampant sur terre comme ombres tirées du
» sépulcre. Les moindres bicoques et métairies étoient for-
» tifiées par ces voleurs, Anglais, Bourguignons, Français,
» à qui pis pis. On ne parloit que d'impôts et contributions.
» Tous les hommes de guerre étoient d'accord de piller le
» paysan et le marchand désarmé. » Encore Charles VII,
qu'on appelait par dérision le roi de Bourges, ne possé-
dait-il plus qu'une petite partie de ce royaume désolé.
Le jeune roi d'Angleterre, Henri VI, avait pris presque
en même temps que lui le titre de roi de France, et son
oncle, le duc de Bedford, celui de régent de France ; et
depuis lors, le duc, marchant de conquêtes en conquêtes,
était devenu maître de la plus grande partie de la France.
La Normandie, la Flandre, la Picardie, la Champagne, la
Lorraine, Paris et toutes les villes qui l'environnent,
étaient au pouvoir des Anglais, qui, fiers de leurs succès,
étaient venus mettre le siége devant Orléans. Cette ville
prise, Charles VII n'avait plus aucune espérance de salut ;
le Languedoc et le Dauphiné, qui lui étaient restés fidèles,
allaient être envahis par les ducs de Bourgogne et de Sa-
voie, et sa ridicule capitale de Bourges n'aurait pu lui
offrir un abri que pour quelques jours.

C'est alors qu'apparaît Jeanne d'Arc. Depuis cinq ans
déjà, cette jeune fille avait des visions, des révélations extraordinaires. Au pied des autels, où elle allait souvent
prier ; dans un bois mystérieux, sombre, solitaire, près
de la bonne fontaine *aux fées Notre-Seigneur*, où elle allait
aussi méditer, la vierge Marie, des anges lui apparais-

saient, lui disant que la France ne pouvait être sauvée que par une femme, que cette femme c'était elle.

MAISON DE JEANNE D'ARC A DOMREMY.

Depuis la désastreuse bataille de Verneuil, ces révélations, ces visions devinrent plus fréquentes. Le siége mis devant Orléans (le 6 octobre 1428), elle voulut absolument aller trouver le sire de Baudricourt, gouverneur de Vaucouleurs, pour le prier de la conduire près du roi. En vain son père le lui défendit, disant qu'il aimerait mieux la voir noyée que de la voir aller avec les gens d'armes. Elle ne put résister aux ordres du ciel; elle sollicita sa mère avec tant d'instance, que celle-ci consentit enfin à l'accompagner à Vaucouleurs. Le sire de Baudricourt, vieux guerrier dur et bourru, la reçut d'abord fort mal, disant qu'elle était folle et qu'il fallait la renvoyer à son père pour être corrigée. Ce début malheureux ne décou-

ragea pas Jeanne d'Arc. Cependant elle ne retourna plus
à Domremy, et s'établit chez un charron de Vaucouleurs.
Pendant plusieurs mois sa conduite fit l'admiration de la
ville. Elle était d'une piété exemplaire ; souvent elle com-
muniait et restait des journées entières au pied des autels, disant toujours qu'elle avait ses visions. De temps en
temps elle retournait voir le sire de Baudricourt, que
sa persévérance, que son assurance modeste finirent enfin
par émouvoir. Cependant le siége d'Orléans se continuait
avec vigueur, et cette ville était réduite aux dernières extrémités. Les nouvelles sinistres qui en arrivaient à Vaucouleurs excitent encore la résolution de Jeanne d'Arc ;
ses discours deviennent plus positifs, plus assurés ; il lui
était ordonné de partir à l'instant sans retard ; elle se rend
une dernière fois auprès du sire de Baudricourt et lui
dit : « Capitaine messire, sachez que depuis aucuns temps
Dieu m'a fait savoir que j'allasse par devant le gentil dauphin, qu'il me baillât des gens d'armes et que je le mènerai sacrer à Reims. » Elle lui déclara d'une façon si résolue qu'elle ne pouvait plus remettre son départ, qu'il
fallait qu'elle partît aussitôt, que Baudricourt n'osa plus
cette fois lui refuser sa demande. Dès que les habitants
de Vaucouleurs apprirent la résolution du gouverneur,
ils fournirent à Jeanne d'Arc tout ce qui était nécessaire
à son équipement. On lui acheta un cheval, on lui donna
un habillement complet de guerrier, et la ville entière
salua son départ. Son frère aîné, Jacques d'Arc, et le sire
de Polenge, l'accompagnèrent ; ils étaient suivis d'un archer et d'un messager attachés au service du roi, de trois
valets et quatre cavaliers.

Le roi Charles VII tenait alors sa cour à Chinon en
Touraine.

On se représente facilement ce que devait être la cour d'un prince qui possédait un royaume dans un état aussi piteux qu'était alors la France. Quelques sujets fidèles d'une ancienne et loyale noblesse l'accompagnaient encore ; mais ses domestiques, ses gardes, qui depuis longtemps ne recevaient aucune paye, le quittaient de jour en jour. Le roi en était venu à cette triste nécessité de ne plus prendre ses repas en public, pour ne pas étaler aux yeux de ses sujets sa royale et profonde misère. L'histoire raconte que Xaintrailles et La Hire, ses deux meilleurs capitaines, étant venus vers lui à Châteaudun, le trouvèrent à table seul, n'ayant pour son dîner qu'une queue de mouton et un poulet. Un autre historien ajoute que le roi Charles, lors de l'arrivée de Jeanne d'Arc, était dans le plus grand embarras. Il n'y avait en tout que quatre écus dans ses coffres. Tel était son discrédit, qu'un cordonnier lui refusa une paire de bottes, faute d'argent comptant. On lui conseillait ouvertement d'engager le domaine royal pour subvenir aux dépenses de sa maison : son orgueil se refusa sans cesse à ce honteux marché ; mais il est fort douteux qu'on eût trouvé un juif assez hardi pour prêter au roi de France, même sur cette garantie.

Jeanne d'Arc avec sa suite arriva à Chinon le sixième jour de mars de cette année 1429 ; elle fit de suite annoncer au roi qu'elle venait par l'ordre de Dieu pour le prendre et le mener sacrer à Reims. La cour et le roi lui-même se divertirent d'abord de cette étrange assurance avec laquelle parlait Jeanne d'Arc. Quel moyen de croire en effet qu'un royaume à deux doigts de sa perte pourrait être sauvé par un aussi faible bras ? Cependant on apprit bientôt par une missive du sire de Baudricourt, et par le témoignage des chevaliers qui suivaient la Pucelle, les merveilleux antécédents de cette jeune fille. Le roi voulut au moins faire un essai : il la reçut au milieu de sa cour ; il prit un habit fort simple et se fit remplacer par un seigneur splendidement vêtu. Jeanne d'Arc, sans s'arrêter à celui qui était le roi en apparence, vint trouver directement Charles VII, et, le saluant avec une grâce parfaite, elle s'agenouilla devant lui et embrassa ses genoux. « Ce n'est pas moi qui suis le roi, dit Charles VII ; le voilà, en montrant son remplaçant. — Par mon Dieu, gentil prince, reprit-elle, c'est vous et non autre. » Puis elle ajouta : « Gentil dauphin, je suis Jeanne la Pucelle. Saint Michel archange, sainte Catherine et sainte Marguerite m'ont envoyée pour délivrer Orléans et vous conduire à Reims, où vous serez sacré ; par ainsi vous recouvrerez votre droit à la couronne de France. » Le roi lui demanda une preuve de ce qu'elle avançait ; elle le tira alors à part, et on dit qu'elle lui raconta des choses qui n'étaient connues que de lui seul. Au sortir de cet entretien secret, Charles VII, tout rayonnant de joie, annonça à sa cour qu'il avait pleine et entière confiance dans cette jeune fille, et ordonna qu'on eût pour elle les plus grands égards.

Cependant les conseillers du roi ne furent pas d'avis qu'on dût légèrement accepter les services de Jeanne d'Arc : les uns craignaient qu'en cas de non succès on ne les tournât en ridicule ; d'autres disaient que les révélations dont Jeanne parlait pourraient être des suggestions du démon, et qu'il y avait de la sorcellerie dans cette affaire. On était trop malheureux et dans de trop grandes inquiétudes pour s'arrêter long-temps par la crainte du ridicule ; mais il eût été impolitique à cette époque de ne pas rassurer le peuple au sujet de la sorcellerie. Charles VII était au surplus un prince faible et facile à impressionner. Il ordonna en conséquence de faire venir des maîtres en théologie, des savants et des experts, et il leur donna mission d'examiner Jeanne d'Arc touchant la foi.

Jeanne parut devant ce concile avec cette assurance qui ne l'abandonna jamais; elle répondit avec une raison, un à-propos qui donna d'elle la plus haute idée. Plusieurs fois cependant sa patience fut poussée à bout : « Et quel langage parlent les voix que vous entendez? disait avec un accent limousin un certain frère Leguin qui l'interrogeait plus aigrement que les autres. — Meilleur que le vôtre, maître, » répondit-elle. Et quand on lui citait des textes pour lui prouver qu'on ne devait pas croire à ses révélations, elle disait : « Je ne sais ni A ni B, mais je lis dans le livre de *Messire*, et il y a plus de choses dans ce seul livre que dans tous les vôtres. » Et quand on lui demandait qui était *Messire*, elle répondait, c'est Dieu. Néanmoins les docteurs es loi et les théologiens déclarèrent unanimement qu'elle était inspirée et que sa mission divine était incontestable. On ne s'en tint pas à cet examen, soit qu'on ne fût pas encore convaincu, soit qu'on voulût en imposer davantage et faire croire à sa mission d'une manière plus incontestable.

On fit encore paraître Jeanne d'Arc devant un simulacre de parlement assemblé à Poitiers. Le parlement, comme les docteurs, reconnut le doigt de Dieu. On répandit de tous côtés cette heureuse nouvelle, et on ne s'occupa plus d'autre chose que de fournir à Jeanne d'Arc des troupes pour marcher au secours d'Orléans.

Gavarni Inv.^t   JEANNE D'ARC.

SIÉGE D'ORLÉANS.

Jeanne d'Arc va commencer aujourd'hui une vie nouvelle. Nous n'avons vu en elle jusqu'à présent qu'une jeune villageoise simple, pieuse, modeste, timide, au milieu même de son exaltation ; nous allons la voir intrépide, résolue, ferme au milieu des combats, montrant le tact, le coup d'œil d'un vieux général et la bravoure fougueuse d'un jeune capitaine. Nous allons la voir, pendant sa courte carrière, toujours la même, marchant la première à l'attaque, la dernière à la retraite, et toujours victorieuse.

Dès le moment où le roi Charles VII eut pris la résolution d'accepter les services de Jeanne d'Arc, il lui fit donner le rang et l'état d'un chef de guerre. Jean, sire d'Aulon, brave et prudent chevalier, fut attaché à sa personne pour la servir comme son écuyer ; deux jeunes

11

BIBLIOTHÈQUE ROYALE

gentilshommes lui furent donnés comme pages. Elle eut
pour hérauts d'armes Guienne et Ambreville, et pour
chapelain un bon religieux, frère Pasquerel. Le roi lui fit
présent d'une magnifique armure à sa taille; mais quand
il lui remit l'épée, elle lui dit que, par ordre de Dieu,
elle ne pouvait se servir que d'une épée marquée de cinq
croix, et qu'on trouverait cette épée dans la chapelle de
sainte Catherine de Fierbois, où on la trouva en effet (1).
Elle dit aussi que dans ses révélations elle avait reçu
ordre de porter un étendard de couleur blanche, semé de
fleurs de lis. Au milieu devait être peint le Sauveur des
hommes, assis en son tribunal dans les nues du ciel, et
deux anges à ses pieds en adoration; l'un d'eux devait porter une branche de lis. Sur le revers devaient être écrits
ces deux mots seulement : JÉSUS MARIA. L'étendard fut
exécuté conformément à la vision.

Ainsi armée et accompagnée, Jeanne d'Arc sortit pour la
première fois vers le commencement d'avril, pour assister
à la *montre* (revue) des troupes de Charles VII. Elle
était suivie de tous les princes et généraux. On ne saurait décrire l'enthousiasme excité par sa présence. Elle
montait un superbe palefroi gris qu'elle maniait avec autant de grâce que d'habileté. Elle avait la tournure noble
et martiale, le regard doux et fier à la fois; elle était
jeune et belle. La richesse de son costume, son étendard
extraordinaire, l'espèce de vénération dont les plus grands
seigneurs l'entouraient, tout contribua à frapper vive-

(1) Cette épée avait, dit-on, appartenu jadis à un ancien chevalier; quelques
historiens ont dit, sans le prouver, qu'elle provenait de Charles Martel, qui s'en
était servi à la bataille de Tours ou de Poitiers, où il défit les Sarrazins, et qu'il
l'avait déposée dans cette église après sa victoire. Si cette supposition pouvait être
admise, cette épée aurait deux fois sauvé la France du joug de l'étranger.

ment l'esprit du peuple. Il s'agenouillait sur son passage
et remplissait les airs des plus triomphantes acclamations.
Pour ceux qui approchaient Jeanne d'Arc, ils étaient
émerveillés de ses paroles pleines de sens et d'originalité,
et surtout d'un heureux à propos. Elle était si convaincue,
qu'elle parvint facilement à convaincre les autres. L'enthousiasme devint bientôt général. Les partisans du roi
de France relevèrent la tête; la confiance revint à tous.
On regardait il y a quelques jours la France comme perdue, on la regardait déjà comme sauvée; les dévouements
douteux se réchauffèrent. Une foule de jeunes gens qui
étaient restés dans leurs foyers vinrent se ranger sous les
ordres de Jeanne d'Arc; en moins d'un mois la méta-
morphose était accomplie. Au lieu d'une armée découragée, désaffectionnée, tremblante, Charles VII eut des
troupes enthousiastes, demandant le combat, fières, pleines de confiance et d'espoir. Les coffres fermés se rou-
vrirent, et ainsi que cela arrive d'ordinaire, comme le roi
semblait n'avoir plus besoin du secours de personne,
chacun venait lui offrir le sien.

Les mêmes causes qui encourageaient les Français abat-
taient les Anglais. Il n'était plus question dans l'une et
l'autre armée que de Jeanne d'Arc, et comme chacun
aime à augmenter, à embellir en racontant ce qu'il a appris, il n'est pas de choses merveilleuses qu'on ne débitât
sur son compte. Mais on tirait de ces récits des conclu-
sions bien différentes de l'un et de l'autre côté. Le Français voyait dans Jeanne d'Arc une jeune fille inspirée par
l'Esprit saint; sa mission était toute divine. L'Anglais, au
contraire, disait que ses inspirations ne venaient que de
l'enfer, et que Jeanne était une sorcière et une hérétique.
En vain les chefs affectaient-ils de la tourner en ridicule,

disant que c'était un expédient puéril et désespéré par lequel Charles VII voulait relever sa fortune abattue, et qu'on verrait cette misérable farce tomber à la prochaine rencontre. Ils ne parvenaient pas cependant à rassurer leurs soldats. On ne guérit pas facilement de la peur.

Pendant son séjour à Chinon, Jeanne d'Arc jouit de la considération la plus grande ; elle accompagnait le roi dans ses promenades, et *courait la lance* avec tant d'adresse et de grâce, qu'elle charmait tout le monde. Le duc d'Alençon, l'ayant vue une fois se livrer à ce noble exercice, lui fit présent d'un magnifique coursier. Malgré la faveur dont elle jouissait, Jeanne d'Arc voyait avec peine les lenteurs apportées à son départ ; elle brûlait de combattre les Anglais, et il ne se passait pas de jour qu'elle ne sollicitât vivement le roi de la laisser partir.

Cependant un immense convoi de vivres, des troupes fraîches et animées du meilleur esprit, furent enfin rassemblés à Blois. Jeanne d'Arc, accompagnée de l'archevêque de Rheims, chancelier de France, et du seigneur de Gaucourt, grand maître de l'hôtel du roi, et suivie de toute sa maison, se rendit dans cette ville vers la fin d'avril. Les principaux chefs de l'armée l'y avaient précédée, et chaque jour il arrivait de jeunes chevaliers qui demandaient du service dans l'armée royale. Jeanne d'Arc commença dès lors à prendre le commandement effectif des troupes, en ce sens qu'elle imposa une discipline nouvelle et toute sévère. Elle fit chasser du camp toutes les femmes qui s'y trouvaient, voulut que les soldats eussent une conduite honnête, irréprochable ; elle renvoya ceux qui avaient de mauvaises mœurs ou qui ne voulaient pas remplir leurs devoirs religieux. Elle prêchait plus encore par son exemple que par ses paroles. Chaque jour elle se rendait à l'église, et quand elle ne priait point, elle était à cheval, allant de tous côtés, visitant les postes, inspectant les bataillons, s'informant des besoins du soldat, y remédiant. Elle couchait sur la dure tout habillée, et se contentait pour ses repas de pain trempé dans du vin. Elle tenait surtout à voir des sentiments religieux aux généraux dans la compagnie desquels elle vivait.

Jeanne ne resta que trois jours à Blois; pendant ce temps, elle envoya aux Anglais la lettre suivante :

Jesus Maria.

« Roi d'Angleterre, et vous, duc de Betfort, qui vous » dites régent du royaume de France, vous, Guillaume » de Nappepoule, comte de Sulfort, Jean Jehan, sire de » Talbot, et vous, Thomas, sire de Scales, qui vous dites » lieutenant du duc de Betfort, faites raison au Roi du » ciel, rendez-moi les clefs des bonnes villes que vous » avez prises en France. Roi d'Angleterre, si ainsi ne le » faites, je suis chef de guerre, et en quelque lieu que » j'atteindrai vos gens en France, je les en ferai aller, qu'ils » le veuillent ou non, et s'ils ne veulent obéir, je les ferai » tous occire; je suis ici envoyée par le Roi du ciel pour » vous bouter hors la France. Écrit ce samedi de la se- » maine sainte. »

Enfin tous les préparatifs furent terminés, et Jeanne d'Arc, à la tête de l'avant-garde de l'armée, se mit en marche pour Orléans.

L'expédition était forte de sept mille hommes. Le chef des troupes anglaises, le duc de Suffolk, s'était persuadé que ces forces imposantes n'étaient rassemblées que pour pouvoir faire traverser avec sécurité les plaines de la Beauce au convoi qui devait ravitailler Orléans, et il avait porté une grande partie de ses troupes de ce côté, pour arrêter et détruire ce convoi dans une bataille en rase campagne. Jeanne, quoique son armée fût bien inférieure en nombre à celle des Anglais, voulait aller les attaquer et frapper un grand coup pour son début; mais les chefs qui l'accompagnaient ne partageaient aucunement cet avis, et ne pouvaient amener Jeanne d'Arc au leur. Ils la trompèrent : comme elle ne connaissait pas le pays, ils lui laissaient croire qu'on prenait la rive droite de la Loire quand on prenait la gauche. Des prêtres marchaient en tête de l'armée et faisaient retentir les airs de chants religieux. L'expédition parvint ainsi en deux jours en vue d'Orléans. Alors la Pucelle s'apercevant qu'on l'avait trompée, en voyant que le fleuve était entre l'armée et la ville, elle s'en plaignit amèrement, et dit qu'on ne serait pas long-temps à s'apercevoir que ses conseils valaient mieux que celui de tous les autres. En effet, les eaux étaient si basses que les bateaux venant d'Orléans ne pouvaient arriver jusqu'au rivage pour y être chargés. Les chefs de l'armée se trouvaient dans le plus grand embarras. Le comte de Dunois, qu'on nommait également le Bâtard d'Orléans, et qui commandait dans la ville assiégée, ayant eu connaissance de cette aventure, traversa la Loire dans un petit bateau, et vint la nuit se consulter avec eux pour aviser aux moyens de sortir de cette fâcheuse position.

Quand Jeanne d'Arc vit le comte de Dunois, elle alla au-devant de lui et lui dit : « Êtes-vous le Bâtard d'Orléans? — Oui, reprit-il, et bien joyeux de votre venue. — Est-ce vous, ajouta-t-elle, qui avez conseillé de passer par la Sologne? — C'était, répliqua-t-il, le conseil des plus sages capitaines. — Le conseil de Dieu, reprit Jeanne, est

plus sûr que le vôtre. Je vous amène le meilleur secours
que jamais ait reçu chevalier ou cité. C'est le secours du
Roi des cieux, lequel a eu pitié du royaume de France. »

Le conseil s'assembla aussitôt. Il fut d'avis que l'armée
devait rétrograder jusqu'au château de Chécy, distant de
deux lieues, où se trouvait un port commode dans lequel
les barques pourraient facilement être chargées. Mais le
vent était contraire, et il était impossible de faire remon-
ter ces barques jusque là. L'embarras était toujours le
même, lorsqu'un bonheur miraculeux vint trancher la
difficulté. Tout-à-coup la pluie tomba par torrents; le
vent changea, et le lendemain matin il fut facile, tant les
eaux du fleuve avaient grossi, d'exécuter le projet impossible la veille.

Le comte de Dunois supplia Jeanne d'Arc de se rendre
aux vœux des Orléanais et de venir avec lui s'enfermer
dans leur ville. Jeanne d'Arc y consentit. Après avoir fait
ses adieux à l'armée qui s'en retournait à Blois, elle
monta dans la barque du comte de Dunois, tenant à la
main son étendard.

Elle était suivie de La Hire, de son écuyer et de plusieurs
autres guerriers. Deux cents lances les suivaient dans

d'autres barques ; ils vinrent ainsi aborder au village de Chécy, où les bateaux se chargeaient. Quand le chargement fut opéré, Dunois fit dire aux Orléanais de prendre les armes, d'attaquer avec vigueur le port et le fort de Saint-Loup, devant lequel le convoi devait passer. Cette diversion eut le meilleur résultat. Les assiégés, occupés à se défendre, ne songèrent pas à inquiéter le convoi, qui arriva sain et sauf à Orléans.

Ce premier succès redoubla les espérances du côté des Français. Depuis plusieurs années, les Français ne comptaient plus guère leurs combats que par leurs défaites : les terribles journées d'Azincourt, de Crécy, celle des harengs, avaient porté à la nationalité française les plus rudes coups ; la main de Dieu semblait avoir cessé de protéger la France. Tout ce que les généraux de Charles VII et ses ministres entreprenaient pour le rétablissement des affaires ne faisait que les empirer. Les choses n'avaient changé de face que depuis l'apparition de Jeanne d'Arc ; la ville d'Orléans était tellement cernée par les troupes anglaises, qu'on n'osait espérer que les secours annoncés pourraient y être introduits. Les difficultés nouvelles et inattendues avaient rejeté les assiégés dans leur premier désespoir : aussi leur joie fut-elle au comble quand ils virent arriver le convoi dans leurs murs. Jeanne d'Arc fut reçue par les Orléanais comme un ange libérateur. Ils voyaient en elle comme un être surnaturel à qui tout obéissait, jusqu'aux éléments eux-mêmes. L'entrée de la Pucelle dans Orléans fut toute triomphale. Les habitants étaient ivres de joie et d'allégresse ; ils se précipitaient sur ses pas ; ils voulaient tous toucher quelque chose qui lui appartînt, ils embrassaient ses armes, ses genoux, ses mains, jusqu'aux harnais de son palefroi ; ils remplissaient les airs de cris d'allégresse et de joyeux noëls. Jeanne, fidèle à ses habitudes, se rendit directement à la cathédrale, où un *Te Deum* fut chanté en actions de grâces.

Puis elle se retira dans la maison d'un des principaux bourgeois de la ville, dont la femme jouissait d'une grande réputation de vertu. On lui avait préparé un repas magnifique, mais elle refusa d'y prendre part, et, selon sa coutume, elle ne mangea que quelques tranches de pain trempées dans du vin.

Le comte de Salisbury, sage et vaillant capitaine, était venu, nous l'avons déjà dit, mettre le siège devant Orléans le 6 octobre 1428, et il l'avait poussé avec une extrême activité, eu égard aux usages de ce temps-là. Il passa le reste de cette année à entourer la ville d'une for-

12

midable ceinture d'ouvrages importants. Du côté de la Beauce, il construisit une grande bastille qu'il appela Paris, une autre à la porte Renard qu'il appela Rouen; il donna le nom de Windsor à celle qu'il éleva vers Saint-Laurent. Il fortifia près la porte de Bourgogne les églises ruinées de Saint-Loup et de Saint-Jean-Leblanc. Au Portereau, il bâtit une grande forteresse sur les ruines du temple des Augustins, et il lui donna le nom de Londres. Il avait voulu pour ainsi dire rassembler autour de cette ville les grandes cités de France et d'Angleterre, pour être comme les témoins de la chute du royaume. Le 1er jour de janvier 1429, l'Anglais, comme le dit naïvement de Serres, pour donner des étrennes à ceux de la ville, vint apposer résolument ses échelles contre les murailles et livrer un terrible assaut. Depuis ce jour, les Orléanais souffrirent toutes les horreurs d'un long siége, une terreur continuelle, sans repos, sans relâche, la disette, l'inquiétude, les maladies, la mort. Réduits aux dernières extrémités, les chefs, enfermés dans cette place, avaient mandé au roi Charles VII qu'il leur était impossible de tenir plus longtemps, et qu'il fallait songer à une honorable capitulation. Ils proposaient de remettre la ville au duc de Bourgogne pour la garder au duc d'Orléans ou d'Angoulême encore prisonniers en Angleterre. Mais le duc de Betfort n'ayant pas voulu consentir à cet arrangement, les braves chefs de l'armée française étaient décidés à s'ensevelir sous les ruines de cette ville plutôt que de la rendre aux Anglais. Toutefois cette chute ne pouvait plus être long-temps retardée. Les soldats, affamés, découragés, maigris, malades, se traînaient avec peine sur les remparts. La disette faisait ressentir à tous ses plus vives tortures. Les choses étaient en cet état. Le siége durait depuis bientôt sept mois, quand

Jeanne d'Arc vint ravitailler cette malheureuse place et s'y enfermer.

Toujours prompte et décidée, son avis fut d'aller dès le lendemain de son arrivée attaquer les Anglais. Elle avait en ses visions une croyance si robuste, que toute sa tactique militaire consistait à aller toujours en avant, à poursuivre sans cesse les Anglais dans quelque endroit et dans quelque position qu'ils fussent, lors même, disait-elle, qu'ils seraient accrochés aux nues. Mais les généraux qui l'accompagnaient, jugeant les choses sous un point de vue plus pratique, voulaient agir selon les règles de la prudence et de l'art militaire. Aussi il y eut dès le premier jour division dans le conseil des chefs de l'armée. Le sire de Gamache, vieux soldat, assez entêté et fort peu timide, déclara nettement que si on écoutait les conseils d'une *péronnelle* plutôt que ceux d'un chevalier tel que lui, il se retirerait du commandement, et pour ne pas forfaire à l'honneur, il combattrait en simple soldat sous les ordres de quelque brave capitaine. Jeanne répondit que les avis des chevaliers comme lui perdaient le royaume depuis assez long-temps, et qu'on devait au moins essayer une fois de ceux d'une *péronnelle* comme elle ; que du reste le roi lui avait confié la défense de sa cause, et que c'était à elle à la défendre comme elle le jugeait bon.

Dunois vit avec peine la division se mettre parmi les membres du conseil, car plusieurs autres chefs semblaient aussi se ranger du côté de Jean de Gamache. Il fit tous ses efforts pour apaiser ce premier orage, et finit par calmer Jeanne d'Arc en lui promettant que lui et le sire d'Aulon allaient se rendre de suite à Blois pour ramener une partie de l'armée avec un nouveau convoi, et qu'aussitôt ce secours arrivé, on attaquerait les Anglais.

Jeanne d'Arc consentit avec peine à ces délais; elle crut devoir ce sacrifice au succès de la cause du roi. Cependant elle ne voulut pas laisser les Anglais sans nouvelles de sa part. Elle leur envoya ses hérauts d'armes, Guienne et Ambleville, leur porter une lettre semblable à celle qu'elle avait déjà adressée de Chinon. Au reçu de cette missive, Talbot entra dans une grande fureur, se répandit en invectives contre la Pucelle; il garda auprès de lui Guienne pour le faire brûler comme hérétique, et renvoya Ambleville avec toutes sortes de menaces. Jeanne d'Arc, voyant revenir son héraut, lui demanda aussitôt ce qu'avait dit Talbot. « Il dit de vous, lui répondit-il, tous les maux possibles, et qu'il vous fera brûler s'il vous tient jamais. — Retourne auprès de lui, lui dit la Pucelle. Tu diras à Talbot qu'il s'arme et je m'armerai aussi; qu'il se trouve devant la ville; s'il me peut prendre, qu'il me fasse brûler; si je le déconfis, qu'il lève le siége et que les Anglais s'en aillent dans leur pays. » Dunois ajouta qu'il fallait dire à Talbot que les prisonniers anglais répondaient de ce qui serait fait aux hérauts de la Pucelle. Sur ce, le chef des troupes ennemies renvoya Guienne et Ambleville; mais il ne voulut pas accepter le défi de Jeanne d'Arc.

Dunois partit pour Blois, ainsi qu'il s'y était engagé, pour accélérer le retour de l'armée. Ce voyage fut de courte durée; car cinq jours s'étaient à peine écoulés, qu'un courrier vint annoncer à Orléans l'arrivée de l'armée de Blois. Elle s'avançait du côté de l'occident. Il fallait qu'elle passât, pour arriver à la ville, entre les bastilles de Londres et de Saint-Laurent. A cette nouvelle, Jeanne d'Arc, présumant qu'on s'opposerait au passage de ses guerriers, s'avança à leur rencontre à la tête des plus vail-

lants chevaliers et des meilleurs soldats. Sa troupe ne s'é-
levait pas au-delà de cinq cents hommes, mais c'était la fine
fleur de l'armée française. On s'attendait à une chaude
affaire; il n'en fut rien ; les Anglais les regardaient passer
et repasser entre leurs bastilles comme si ce n'eût été
qu'une vaine procession. « Une stupeur invincible, dit
David Hume, l'un de leurs historiens, régnait parmi ces
soldats, naguère encore si exaltés par la victoire et si
audacieux dans les combats. » On peut juger par ce fait
irrécusable du miraculeux prestige que Jeanne d'Arc avait
su répandre autour d'elle, si l'on songe surtout qu'aucun
combat n'avait encore eu lieu. L'armée et le convoi de
vivres entrèrent dans Orléans aux acclamations des habitants.

Aussitôt rentrée dans la ville, Jeanne d'Arc, épuisée
de fatigues, alla se jeter un instant sur son lit pour prendre quelque repos. Mais pendant ce temps des archers
français, postés non loin de la bastille de Saint-Loup, se
prirent de querelle avec les soldats anglais de garde sur
les remparts du fort. La dispute s'échauffa bientôt :
des paroles on passa aux actions, des provocations aux
combats. La bataille gagna de proche en proche et bientôt elle devint générale. Les Français, enthousiasmés par
leurs succès récents, par les promesses de la Pucelle, brû-
laient d'en venir aux mains. Les Anglais, honteux de leur
récente inaction, voulaient en effacer la honte par une
victoire. Les deux armées combattaient avec une ardeur
inouïe à l'insu de leurs chefs. Le bruit de ce combat im-
prévu se répandit bientôt dans Orléans. Les cris aux armes ! aux armes ! se firent entendre de tous côtés et vinrent éveiller Jeanne d'Arc. En une seconde sa chambre
fut remplie de guerriers, de prêtres, de bourgeois, qui lui

venaient apporter cette nouvelle : « Mon Dieu, mon Dieu ! s'écria-t-elle en les voyant, le sang de nos gens coule par terre ! Pourquoi ne m'a-t-on pas éveillée plus tôt ? Ah ! c'est mal fait.... Mes armes ! mes armes ! Mon cheval ! » Prompte comme la louve qui voit ses louveteaux aux prises avec les chiens terribles, elle ne fit qu'un bond de la ville à la bastille. D'Aulon et son page la suivaient de près ; Dunois, La Hire, plusieurs autres chevaliers s'étaient élancés sur ses pas. Les Français, qui avaient consulté beaucoup plus leur courage que la prudence, succombaient sous le nombre et commençaient déjà à se retirer à l'abri des murailles d'Orléans. Jeanne poussa son coursier à travers les fuyards, droit à la bastille, criant de toutes ses forces le vieux cri de guerre des Français : *Montjoie Saint-Denis !* sus aux Anglais ! Les combattants, excités par sa voix et son exemple, reviennent à la charge. Le combat s'engage avec une nouvelle ardeur, avec un acharnement incomparable. Les Anglais, bien que privés de leur chef, se défendent avec intrépidité et fermeté ; mais rien ne peut résister à l'élan des Français, constamment soutenus et réchauffés par Jeanne, qui semblait se multiplier et être au même instant sur tous les points. Les Anglais, ayant à leur tête Talbot, accourent aussi au secours de leurs compagnons, assiégés dans la bastille de Saint-Loup. Mais ce mouvement avait été prévu. Le maréchal de Boussac et le sire de Graville vinrent aussitôt, suivis de leurs troupes et des bourgeois d'Orléans, se placer comme une muraille de fer entre les bastilles assiégées et les autres positions anglaises. Leur bonne contenance retint les Anglais, qui abandonnèrent leurs compagnons à leur seul courage, et se tinrent impassibles spectateurs de leurs combats et bientôt de leur défaite. La lutte acharnée et sanglante durait depuis trois heures, quand la blanche bannière de la Pucelle flotta sur les murailles écroulées de la bastille.

Jeanne d'Arc arriva la première sur les remparts, criant : *Montjoie Saint-Denis !* ville gagnée ! Les Français firent un grand carnage d'Anglais et emmenèrent beaucoup de prisonniers, l'artillerie et toutes les munitions de guerre, puis ils incendièrent ce fort.

Le lendemain de cette première victoire, qui était le 5 mai, jour de l'Ascension, Jeanne d'Arc ne voulut point combattre, à cause de la fête. Elle passa la journée entière dans l'exercice des pratiques religieuses; elle se confessa,

communia, et, voulant consacrer cette journée par une
nouvelle démarche pacifique, elle s'avança aussi près que
possible des bastilles anglaises, prit avec elle un archer à
qui elle ordonna de lancer au bout de sa flèche une nouvelle lettre aux Anglais, en leur criant : « Lisez, voici
des nouvelles de la Pucelle! » Elle avait fait ajouter au
bas de sa lettre les paroles suivantes : « C'est pour la
troisième et dernière fois que je vous écris, et ne vous
écrirai plus désormais. Signé : JHS MARIA, *Jehanne la Pucelle.*
Les Anglais, après avoir lu sa missive, se mirent à crier
contre elle toutes sortes d'injures si offensantes qu'elle ne
put retenir ses larmes. Elle se retira à la fois triste et indignée, et se promettant bien de leur faire payer cher et
bien vite leurs lâches insultes.

Pendant ce jour, les chefs de l'armée s'étaient occupés
des préparatifs pour la bataille du lendemain, car ils
avaient décidé à l'unanimité qu'il ne fallait pas laisser re-
froidir l'enthousiasme du soldat. Jeanne d'Arc, avant la
fin du jour, parcourut la ville, exhortant les soldats à se
confesser, disant que l'attaque et la défense seraient bien
sanglantes, et que l'on devait se préparer à paraître devant
Dieu. L'armée française, ayant à sa tête Jeanne d'Arc,
sortit le 6 mai au matin de la ville d'Orléans par la porte de
Bourgogne. Cette journée devant être décisive, les chefs
les plus célèbres étaient présents : Dunois, La Hire, les
maréchaux de Rayz et de Boussac, de Greneville, de Flo-
rent, d'Illiers, de Gaucourt, de Villars. Jeanne rayonnait
de joie ; elle parcourait les rangs, s'écriant avec enthousiasme : « Ayez bon courage, mes amis! Dieu est avec
» nous, et nous bouterons les Anglais ce jour même hors
» leurs bastilles! »

On s'embarqua entre la Tour Neuve et la porte Saint-

Loup, et on vint aborder à une petite île très-voisine de
la rive gauche de la Loire et peu éloignée de Saint-Jean-
Le-Blanc. Quand toutes les troupes furent réunies, on
plaça deux bateaux en travers dans le canal étroit qui sé-
parait cette île de la terre ferme, et l'armée y passa comme
sur un pont.

la vue de l'armée française, les Anglais
abandonnent précipitamment et incen-
dient la bastille de Saint-Jean-Le-Blanc.
Jeanne les poursuivit et vint planter son
étendard au pied du boulevard des
Augustins. Ici le combat s'engagea de
part et d'autre avec fureur. Cependant,
malgré leur vigoureuse défense, les
Anglais furent obligés d'abandonner cette position et de se
réfugier dans les Tournelles, après avoir perdu beaucoup
de monde.

Les Tournelles étaient de ce côté d'Orléans là seule bastille qu'occupaient encore les Anglais. Mais cette position
était presque imprenable; elle était bien garnie de toutes

13

provisions, et défendue par Glacidas, l'un des chefs les plus courageux de l'armée ennemie. Nous savons déjà que la tactique militaire de Jeanne d'Arc, toujours la même, est d'aller en avant, d'attaquer toujours et le plus tôt possible. Dès le lendemain de grand matin, elle parcourait les rues d'Orléans, appelant au combat bourgeois et hommes d'armes; mais les autres chefs, jugeant qu'il ne fallait pas, par une précipitation mal entendue, s'exposer à perdre les avantages qu'on avait obtenus la veille, avaient placé à la porte de Bourgogne le sire de Gaucourt pour empêcher la Pucelle de sortir de la ville. Jeanne arriva, suivie d'une foule immense; les portes furent forcées, et bientôt les Tournelles furent entourées d'un grand nombre de combattants. Il n'était pas encore dix heures du matin, que déjà tout était prêt pour donner l'assaut; les chefs eux-mêmes étaient accourus, ne voulant pas laisser leurs soldats se battre sans eux. Ce combat, comme ceux des jours précédents, fut acharné de part et d'autre; trois heures durant, les Français tentèrent l'assaut, et furent repoussés par les Anglais. Mais l'invincible Pucelle était là; elle s'élance tout-à-coup au milieu des combattants, saisit une échelle, l'applique contre le mur, et y monte avec une intrépidité merveilleuse, malgré les flèches lancées de toutes parts contre elle. Elle allait toucher la crête du mur, quand un trait vint la frapper entre le cou et l'épaule et la renverser dans le fossé. Les Anglais se jetèrent à l'instant sur elle, et ils l'auraient sans doute faite prisonnière, si le sire de Gamache n'était précipitamment accouru à son secours. L'ayant relevée, ce seigneur lui dit: « Jeanne, prenez mon cheval, plus de rancune; j'avais à tort mal pensé de vous. — Sans rancune, répondit-elle, car je ne vis jamais chevalier si bien appris. »

Jeanne d'Arc était grièvement blessée : il fallut la dés-
armer et l'étendre sur l'herbe ; on mit sur sa plaie un appareil d'huile d'olive et de vieux lard. Pendant ce temps,
les Français, privés des encouragements de cette intrépide
jeune fille, et la croyant à jamais perdue pour eux, ne voulaient plus combattre. Dunois fit sonner la retraite et ordonna d'emmener les canons. A cette vue, Jeanne se re-
lève ; l'extrême danger la rappelle à la vie ; elle défend
qu'on quitte le champ de bataille ; elle supplie, elle or-
donne, elle menace : « Eh ! mon Dieu ! s'écriait-elle, at-
tendez un peu ; vous entrerez, n'ayez doute ! » On lui
obéit ; elle reprend ses armes, son étendard, remonte sur
son cheval en criant : « Allez, la bastille est à nous ! à
l'assaut ! » Les Anglais sont frappés d'effroi à la vue de
cette intrépide jeune fille qu'ils croyaient morte ; ils hési-
tent, reculent. Jeanne les presse, les culbute, et en un instant le boulevard fut pris par les Français. Un immense et
funèbre cri de sauve qui peut ! retentit parmi les assiégés ; ils se précipitent pêle-mêle sur le pont-levis qui conduisait du boulevard à la bastille. Mais d'Aulon fit diriger
sur ce pont une bombarde qui le brisa en mille éclats ;
Glacidas et les siens tombent dans le fleuve en poussant
des hurlements horribles. Ceux qui n'avaient pas encore
atteint le pont furent massacrés par les Français ; pas un
seul n'échappa à cet horrible carnage.

Cette journée jeta l'épouvante parmi les Anglais postés
de l'autre côté de la ville ; ils profitèrent de la nuit pour
lever le siége, abandonnant toutes leurs munitions de
bouche et de guerre dans leurs bastilles. Orléans était délivré. La première promesse de Jeanne se trouvait ainsi
accomplie le 7 mai, après un siége de sept mois, jour
pour jour.

Le siége levé, Jeanne d'Arc quitta à l'instant la ville, et se rendit auprès du roi Charles VII pour le mener sacrer à Reims ; c'était là le second objet de sa mission.

Le monarque français avait quitté Chinon et était venu s'établir à Loches, pour être plus près du théâtre de la guerre. Jeanne d'Arc fut reçue par le roi et par toute la cour avec les marques de la plus vive reconnaissance. Sa présence excitait partout l'admiration ; elle était toute pâle et toute souffrante encore de sa blessure. A peine sortie des combats, elle venait s'offrir à de nouveaux dangers ; on lui devait les succès présents, et on n'espérait qu'en elle pour ceux à venir. Cependant le roi Charles VII hésitait, tremblait, et n'osait entreprendre ce périlleux voyage de Reims. La route de cette métropole était au pouvoir des ennemis, et il entrevoyait avec effroi tous les combats qu'il faudrait livrer, toutes les villes qu'il faudrait prendre avant de pouvoir poser sur sa tête la royale couronne de France, et recevoir l'onction sainte dans l'antique cathédrale de Saint-Remy.

Malgré les pressantes sollicitations de Jeanne d'Arc, il voulait gagner du temps, rassembler autour de lui une armée plus nombreuse ; il voulait attendre que de nouveaux succès lui rendissent la route plus facile. Mais Jeanne supportait tous ces retards avec une visible impatience, et quand on lui demandait quels étaient ses mo-

tifs pour mettre tant de précipitation : « Eh ! mon Dieu !
répondait-elle tristement, je ne dois durer qu'un an au
plus ; il est temps que je me hâte. » Ses instantes prières
décidèrent enfin le roi à partir pour Reims ; il convoqua
toute la noblesse à ce glorieux voyage. Une armée de
cinq à six mille hommes était rassemblée à Selles en
Berri ; il en donna le commandement au duc d'Alençon,
et on se mit en marche le 8 du mois de juin.

L'armée royale eut bientôt occasion de signaler sa valeur ; Jeanne d'Arc n'était pas femme à lui donner un long
repos : dès le soir même on arriva devant Jargeau. Les
chefs restés dans Orléans avaient voulu, pendant l'absence de la jeune héroïne, prendre cette ville, où s'était
réfugiée une partie de l'armée anglaise ; mais ils avaient
complètement échoué. Jeanne d'Arc ne voulut pas la laisser derrière elle ; elle insista pour qu'on la prît ; toutefois
elle se rangea de l'avis des autres chefs, qui voulaient
qu'on allât auparavant chercher des renforts à Orléans.

Quelques jours après, l'armée revint devant Jargeau,
et trois jours n'étaient pas écoulés, qu'elle s'en était rendue
maîtresse. Jeanne d'Arc se distingua à ce siége par plus
d'une action d'éclat : montant la première à l'assaut, selon
sa constante habitude, elle fut renversée par une pierre
qui brisa son étendard ; elle fit des prodiges de valeur
comme toujours ; mais, pour la première fois, elle dirigea
l'artillerie avec un bonheur et une adresse si extraordinaires, qu'aucun chef de cette arme n'aurait pu mieux
faire. Les résultats de cette journée furent immenses ; plus
de onze cents Anglais furent tués dans cette ville. Le comte
de Suffolk, son frère, et plusieurs autres seigneurs de la
plus haute noblesse, furent faits prisonniers.

Il se passa à se sujet un fait qui peint bien les mœurs militaires de cette époque.

Le comte de Suffolk, réduit aux dernières extrémités, et voulant se rendre prisonnier, aperçut parmi ceux qui le poursuivaient un guerrier qui se faisait distinguer par sa valeur : il marcha droit à lui, s'écriant : « Es-tu gentilhomme ? — Oui, répondit le jeune guerrier, qui était un écuyer d'Auvergne nommé Guillaume Regnault. — Es-tu chevalier ? continua Suffolk. — Non, répondit l'écuyer. — Eh bien ! tu le seras de mon fait, » ajouta le général anglais. Il lui donna aussitôt l'accolade avec son épée, puis la lui remit, et se rendit son prisonnier. Le comte de Suffolk aurait certainement préféré mourir sur le champ de bataille que de se rendre à un vilain.

De Jargeau, l'armée, augmentée des renforts qui arrivaient chaque jour, se dirigea sur Beaugency, où commandait le célèbre Talbot. Mais que pouvait faire ce guerrier dans une ville peu fortifiée, avec des soldats découragés, contre des ennemis enthousiasmés par leurs succès récents ? Il abandonna cette place pour aller se joindre à l'armée anglaise qui venait de Paris, sous les ordres de Fastolf, dans le but de livrer aux Français une bataille décisive. Les deux armées se rencontrèrent près du village de Patay, dans un endroit appelé *le lieu des Cognées*. Les Français, qui depuis plusieurs années avaient toujours été battus en rase campagne par les Anglais, hésitaient à les attaquer. Mais Jeanne d'Arc, secondée cette fois par les plus jeunes et les plus vaillants chevaliers, La Hire, Dunois, Xaintrailles, les eut bientôt décidés. Les Anglais n'avaient pas encore eu le temps de se ranger en bataille, que l'avant-garde de l'armée française se jeta sur eux avec une si grande impétuosité, qu'ils ne purent soutenir son

choc; la frayeur et le désordre se mirent dans leurs rangs.
Les cavaliers prirent la fuite à toute bride, à travers les
fantassins qu'ils culbutaient. Talbot fit de vains efforts
pour rallier ses gens et rétablir le combat; il ne put empêcher une défaite complète : lui-même se rendit à Xaintrailles. On évalue la perte des Anglais à quatre ou cinq
mille hommes. Le lendemain Joinville ouvrit ses portes
aux vainqueurs.

La délivrance d'Orléans, la prise de Jargeau, de Beaugency, de Joinville, la victoire de Patay, tous ces faits
d'armes accomplis dans l'espace d'un mois avaient bien
changé l'état des choses en France. Charles VII, cessant
d'être incertain et craintif, prit enfin la résolution de
marcher sur Reims. On fixa Gien pour le rendez-vous
général des troupes qui feraient partie de cette périlleuse
expédition. Jeanne, avec une activité indomptable, en pressait les préparatifs, passait les troupes en revue, soufflait
partout cet enthousiasme qui l'animait.

Tout étant prêt, on partit de Gien le 28 juin. L'armée
montait à environ douze mille combattants. Le succès des

armes françaises avait jeté l'épouvante parmi les petites
garnisons anglaises de la Beauce ; la plupart désertèrent les
places qu'elles étaient chargées de défendre. Les villes im-
portantes, Auxerre, Troyes, Châlons-sur-Marne, se sou-
mirent presque toutes sans difficulté. L'armée arriva devant Reims le 15 juillet, presque sans coup férir. A son
approche, le seigneur de Chatillon, gouverneur de la ville
au nom du roi d'Angleterre, et le sire de Saveuse, qui
était venu de la part du duc de Bourgogne, se retirèrent
avec leurs troupes ; et les habitants étant venus faire leur
soumission, Charles VII entra triomphalement dans cette
ville, où il voulut être sacré le lendemain.

Durant toute la cérémonie du sacre, Jeanne d'Arc resta
debout auprès du monarque, tenant d'une main son étendard, tout rempli de glorieuses déchirures, et de l'autre
sa victorieuse épée. Tous les regards étaient fixés sur elle,
et les cris de : *Vive la Pucelle !* retentirent au moins aussi
nombreux que ceux de : *Vive le roi !* Après la cérémonie,
Jeanne tombant aux genoux de Charles VII, lui dit :
« Enfin, gentil roi, or est exécuté le plaisir de Dieu, qui
voulait que vous vinssiez à Reims recevoir votre digne
sacre, et montrer que vous êtes le vrai seigneur à qui la
France doit obéir. » Puis elle ajouta : « J'ai accompli ce que
Messire m'a commandé, qui était de faire lever le siége
d'Orléans, et de vous mener sacrer à Reims. Plût à Dieu,
mon créateur, que je pusse maintenant partir et aller servir mon père et ma mère en gardant leurs brebis avec ma
sœur et mes frères, qui se réjouiraient beaucoup de me
voir ! » Avait-elle, cette pauvre jeune fille, le pressentiment
de ses malheurs futurs et si prochains, hélas ? ou bien,
comme son vieux père était venu la voir, l'embrasser,
l'amour du pays natal s'était-il réveillé puissamment dans

son cœur ? Charles VII, qui avait pu juger par lui-même toute l'influence de Jeanne sur ses soldats, ne voulut pas la laisser aller. Il la combla d'honneurs, pour l'engager à rester auprès de lui. Mais elle disait sans cesse que son fait était un ministère, et que ce ministère était accompli, qu'elle devait s'en retourner aux champs. Dès ce moment, en effet, elle changea tout-à-fait de conduite. Elle prétendait auparavant à la direction réelle des affaires, elle donnait impérieusement son avis au conseil, et elle le faisait toujours adopter ; désormais elle laissa faire le roi et ses chefs de guerre. Il fut facile de s'apercevoir que cette volonté ardente, impétueuse, décidée, ne présidait plus aux opérations de l'armée. Charles VII quitta Reims trois jours après son couronnement, et pendant près de deux mois il erra, pour ainsi dire, à la tête de son armée, à travers la Brie, sans livrer un seul combat décisif. Plusieurs villes vinrent cependant encore se rendre à lui. L'affaire la plus importante fut le siége que les troupes royales vinrent mettre devant Paris le 7 septembre. Jeanne n'y voulait pas paraître, mais le roi l'en pria ; elle ne savait jamais résister à ses ordres, et elle se mit cette fois encore à la tête de l'avant-garde : elle attaqua la première barrière du côté du village de la Chapelle, elle y mit le feu, et entra avec sa troupe dans le boulevard du dehors. Quand la Pucelle vit que les ennemis n'osaient tenter une sortie, toujours emportée par sa vaillance, elle résolut de les attaquer : elle fit jeter des fagots et des fascines dans le fossé ; mais comme elle s'en allait sondant partout avec sa lance où l'on pourrait risquer le passage, les assiégés firent pleuvoir autour d'elle une grêle de traits : son porte-étendard tomba mortellement blessé ; elle-même, atteinte d'une flèche qui lui traversa la jambe, fut forcée de se coucher par terre.

14

Cependant blessée et pouvant à peine se tenir debout,
Jeanne conduisait toujours
l'assaut, et ne voulait pas
qu'on se retirât; en vain la
nuit vint-elle, en vain le seigneur de la Trémouille don-
na-t-il l'ordre à l'armée de
se retirer sur Saint-Denis,
Jeanne ne voulut pas quitter
l'assaut : il fallut que le duc
d'Alençon allât la chercher
lui-même par ordre du roi.

Cette journée avait jeté le
découragement dans le cœur
de la Pucelle, elle seule avait fait son devoir; les autres
chefs s'étaient conduits avec mollesse; une grande partie
n'avait pas voulu combattre, la division régnait dans le
conseil, et on prit le parti de se retirer vers la Loire. Cette
retraite acheva de désespérer Jeanne d'Arc : elle supplia le
roi de la laisser aller finir ses jours dans son obscur village. Depuis long-temps elle ne cessait de l'engager à faire
la paix avec le duc de Bourgogne, disant qu'assez de sang
était versé, et que cette réconciliation amènerait immédiatement la ruine des Anglais et leur expulsion du territoire français. Elle renouvela ses exhortations ce jour-là
avec plus d'instance que jamais; puis elle se rendit au
tombeau de saint Denis, et y suspendit son armure blanche
avec une épée qu'elle avait conquise sur les Anglais dans
l'assaut de Paris, car elle avait brisé la veille celle qu'elle
avait apportée de Fierbois. Pourquoi fallut-il qu'elle ne
pût se retirer, ainsi qu'elle le désirait tant ? Le roi Charles VII n'y voulut jamais consentir. Elle suivit encore la

fortune de ce prince, qui, pour récompenser son dévouement, l'anoblit par lettres-patentes du 16 janvier 1430,
elle et ses frères, qui eurent le droit de porter des armoi-
ries « d'azur à une épée d'argent, à pal, croisée ou pom-
melée d'or, soutenant de la pointe une couronne d'or, et
côtoyée de deux fleurs de lys de même. » Par les mêmes
lettres le roi changea le nom de la famille d'Arc en celui du
Lys. Jeanne eut désormais un état de maison qui égalait celui d'un comte : « Elle avait, dit un écrivain contemporain,
outre de nobles demoiselles attachées à sa personne, un
intendant, un écuyer, des pages, des valets de main, de
pied, et de chambre. » Vains honneurs qui n'ont rien
ajouté à sa gloire. Son nom du Lys, qui rappelle sa noblesse, n'est-il pas aujourd'hui oublié, et celui-là qui rappelle sa valeur ne brille-t-il pas seul d'un immortel éclat?

Décidée à rester ou plutôt à mourir au service de
Charles VII, Jeanne y mit cette condition, qu'elle ne serait pas inactive. Le roi voulut se rendre maître du
cours de la Loire; on rassembla une armée à Bourges pour
cette expédition, et on en donna le commandement au
sire d'Albret et à la Pucelle. Quelques actions d'éclat vinrent encore ajouter à sa gloire. Elle commença par aller
assiéger Saint-Pierre-le-Moutier, petite ville située au confluent de l'Allier et de la Loire. Après un siége acharné de
cinq jours, l'étendard de Jeanne d'Arc flotta sur les murailles de la ville prise. Quelque temps après la Pucelle ap-
prend que Compiègne est vigoureusement assiégée par le
duc de Bourgogne. Son parti est bientôt pris; elle court
s'enfermer dans cette ville. A peine y est-elle arrivée, qu'elle
va, à la tête d'une petite troupe de braves soldats, attaquer
les ennemis dans leurs retranchements. Le premier choc
fut rude. Les Bourguignons, surpris, sont taillés en pièces;

mais bientôt le sire de Luxembourg arrive avec ses gens
et rétablit le combat, qui devient furieux. Jamais Jeanne
d'Arc ne montra plus de vaillance et d'habileté; deux fois
elle culbuta ses ennemis, deux fois ils revinrent à la
charge, leur nombre augmentant sans cesse. Les Français
ne pouvant plus tenir, Jeanne songea à une retraite honorable; elle se met à l'arrière-garde. Les Bourguignons se
jettent sur elle avec fureur, car ils l'avaient reconnue à sa
huque d'écarlate brodée d'or et d'argent. Bientôt elle se
trouva environnée d'ennemis de toutes parts. Pour la première fois peut-être elle se battit corps à corps; elle fit des
prodiges de valeur écartant tout ce qui s'approchait d'elle.
Elle allait échapper, quand un archer picard la saisit par
sa huque de velours et la fit tomber de cheval. Renversée,
elle se débattit quelque temps encore; mais, à bout de ses

forces, et voyant arriver Lionel, bâtard de Vendôme, elle
se releva fièrement et se rendit à lui.

Elle fut aussitôt conduite au quartier du sire de Luxembourg. On peut juger par la joie que cette prise répandit
parmi ses ennemis de la terreur qu'elle leur inspirait.
Des courriers partirent aussitôt pour annoncer sur tous
les points cette importante nouvelle, et on chanta des
Te Deum d'actions de grâces dans toutes les églises des
villes soumises aux Anglais.

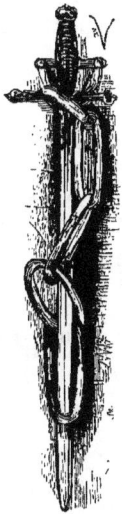

oici que nous allons assister au dénouement
de cette illustre vie. On se figure que le roi
Charles VII va mettre tout en usage pour délivrer sa libératrice, pour rendre la liberté à
celle qui lui a rendu son royaume. On se figure
qu'il va la redemander par ses ambassadeurs;
que cette armée, si souvent victorieuse par
elle, voudra à tout prix reconquérir son chef,
son idole. Hélas! cela fait mal à dire, la pauvre jeune fille fut lâchement et odieusement
abandonnée, au moins par la cour; car, si l'on
en peut croire un historien, La Hire, Dunois,
Xaintrailles, quelques braves soldats, avaient
formé le projet de s'introduire dans Rouen et
de la délivrer les armes à la main.

Le sire de Luxembourg envoya sa prisonnière avec une
escorte nombreuse au château de Beaulieu, puis au château de Beaurevoir en Picardie; elle tenta de s'en échapper; mais, s'étant blessée en escaladant un mur, elle fut
reprise et conduite à Arras.

Les Anglais, les Bourguignons, l'université de Paris,
l'évêque de Beauvais, Pierre Cauchon, excepté ceux qui

lui devaient tant, tout le monde fit des offres brillantes au
sire de Luxembourg pour racheter sa prisonnière; il se
décida en faveur du gouvernement anglais, qui lui compta
dix mille livres en la recevant de ses mains à Arras.

Jeanne d'Arc fut en dernier lieu conduite à Rouen et
renfermée dans la grosse tour du château. Pendant le
jour elle avait les pieds retenus par des ceps de fer,
qui tenaient eux-mêmes à une grosse pièce de bois; la nuit
elle était garrottée sur son lit par des chaînes qui l'étrei-
gnaient partout et l'empêchaient même de se mouvoir.
Cinq archers anglais étaient chargés de la garder; on
choisissait les hommes les plus grossiers; trois couchaient
dans sa chambre. Ces misérables insultaient à cette illustre captive et la maltraitaient indignement; ils étaient en-
couragés à ces odieux traitements par leurs chefs eux-
mêmes. Le sire de Luxembourg, les comtes de Warvick
et de Straford la vinrent insulter jusque dans cette prison.
Les Anglais préludaient dès lors par le martyre odieux
de cette jeune héroïne française à cet autre sacrifice du
plus grand des héros modernes, qu'ils devaient consommer
quatre cents ans plus tard sur le rocher de Sainte-Hélène;
deux grandes taches de sang que tous les cœurs français
ne cesseront de voir empreintes sur les pages de leur histoire.

Après de longs préparatifs, de cruelles et oiseuses dis-
cussions, on commença enfin le procès de la Pucelle. Jamais les formes solennelles de la justice ne furent plus
impudemment violées que dans ce monstrueux procès. Il
eût été difficile, sans doute, dans cette vie si simple à son
aurore, si courageuse, et si illustre par la suite, de trouver
même l'apparence d'une accusation sérieuse. On fit des
informations de tous côtés; on envoya à Domremy; on

éplucha minutieusement chaque action de la vie de cette
jeune fille; on ne put l'accuser que d'avoir porté des habits d'homme et d'avoir voulu se faire passer pour envoyée de Dieu. Un Français, un évêque, ce Pierre Cauchon,
dont nous avons déjà parlé, se chargea de soutenir cette
étrange accusation. Un chanoine de Beauvais, nommé
Estivet, remplissait les fonctions d'accusateur. Ces deux
hommes, dont il faut retenir les noms pour les exécrer,
injurièrent Jeanne d'Arc pendant tout le procès, qu'ils
conduisirent avec une révoltante partialité et une fureur
sans exemple. Leurs violences toutefois ne purent la trou-
bler. Jeanne d'Arc se montra dans les fers plus grande que
dans les combats, plus ferme devant ses juges que devant

ses ennemis. On ne voulut lui donner ni avocat ni conseil; elle se suffit à elle-même; ses juges furent plus d'une
fois stupéfaits de la noblesse et de l'à-propos de ses réponses. Quand on l'interrogea sur son étendard, elle répondit : « Je le portais au lieu de lance, pour éviter de
tuer quelqu'un; je n'ai jamais tué personne. » Quand on

lui demandait par quels sortiléges elle échauffait le courage des soldats : « Je leur disais, répondit-elle : Entrez parmi les Anglais; j'y entrais moi-même la première, et ils me suivaient. » Tous ces docteurs, habitués aux arguties scolastiques, mettaient en œuvre toute leur adresse pour la fourvoyer; mais elle les remettait sans cesse dans la question. Plusieurs conseillers qui ne voulaient pas se rendre coupables du crime qu'on méditait se permirent quelques observations; ils furent à l'instant interdits et chassés.

Un conseiller, frère Isambart, voyant que l'accusateur voulait tromper Jeanne d'Arc par de faux discours, crut devoir à sa conscience de bien faire comprendre la question à l'accusée. A peine eut-il prononcé quelques mots, que l'évêque de Beauvais lui ferma la bouche, et que le comte de Warvick lui dit : « Pourquoi souffles-tu cette méchante? Vilain, si je m'aperçois que tu veuilles encore la secourir, je te ferai jeter à la Seine. »

Enfin cette longue torture morale de l'accusée, cette indigne parodie de la justice humaine eut un terme. Une sentence fut rendue qui déclarait Jeanne d'Arc retranchée de l'église comme un membre infect, et livrée à la justice séculière. Le 24 mai 1431, elle fut amenée au cimetière de Saint-Ouen.

Là deux grands échafauds étaient dressés : sur l'un était le cardinal de Winchester, l'évêque de Beauvais, Pierre Cauchon, les évêques de Noyon et de Boulogne, et une partie des assesseurs; sur l'autre monta Jeanne d'Arc. Elle était entourée de gardiens et de son confesseur; il y avait aussi sur cet échafaud un docteur en théologie nommé Guillaume Evrard, qui prêcha longuement, ou plutôt recommença une longue accusation contre la Pucelle. Tant qu'il n'attaqua qu'elle, Jeanne garda le silence ; mais quand sur la fin de sa diatribe il s'écria : « C'est à toi, Jeanne, que je parle, et je te dis que ton roi est hérétique et schismatique. — Parlez de moi, répondit-elle, mais ne parlez pas du roi ; et j'ose bien dire et jurer sur la vie que c'est le plus noble d'entre les chrétiens ; il n'est point tel que vous le dites. » Cette pauvre fille défendait encore sur l'échafaud celui qui l'abandonnait si indignement.

Le sermon fini, on voulut faire abjurer Jeanne d'Arc ; mais elle ne savait pas même ce que signifiait le mot abjuration. Elle comprit que sous ce prétexte ses juges voulaient lui faire reconnaître qu'ils avaient bien jugé ; donc elle refusa nettement ; on la pria, on la menaça, on l'insulta, on lui fit de magnifiques promesses ; elle restait ferme, disant : « Tout ce que j'ai fait, j'ai bien fait de le faire. » Voyant qu'on ne terminait rien, les Anglais qui assistaient à cette étrange cérémonie murmuraient, tempêtaient, menaçaient et demandaient sa mort avec d'affreux hurlements. On donna alors à Jeanne d'Arc une nouvelle explication de l'abjuration. On lui dit que c'était reconnaître ce que reconnaît l'Église. « Je veux, dit-elle alors, tout ce que l'Église voudra, et si les gens d'Église disent que mes visions ne sont pas croyables, je ne les soutiendrai pas. » On lui avait fait croire qu'en faisant cette déclaration elle allait être rendue à la liberté ; mais sitôt qu'elle l'eut signée, on la condamna à passer le reste de ses jours en prison, au pain de douleur et à l'eau d'angoisse.

On la reconduisit dans son cachot. Cependant les Anglais furent indignés de ce dénouement ; ils attendaient du sang, et on ne leur en avait pas donné. Ils faillirent se jeter sur les juges, l'épée à la main ; mais ils s'apaisèrent

15

sur ce que leur dit le comte de Warvick, que tout n'était pas fini, qu'on retrouverait bientôt cette Pucelle; cruelles et perfides paroles qui furent en effet trop tôt justifiées.

On avait défendu à Jeanne d'Arc de porter d'autres habits que ceux de son sexe, et elle s'y conformait. Mais un matin qu'elle demandait à ses gardiens de la délier pour qu'elle pût se lever, l'un d'eux enleva ses habits de femme qui étaient sur son lit, y jeta des habits d'homme, et dit en détachant la chaîne : « Lève-toi maintenant. — Vous savez que je ne puis prendre cet habit, » répondit-elle. On lui répondit qu'elle n'en aurait pas d'autres, et qu'ils étaient assez bons pour rester enfermée dans une prison. Elle leur objectait qu'elle s'était engagée à ne plus porter d'habits d'homme; eux lui répondaient que personne ne la verrait ainsi : ce débat dura jusqu'à midi. Forcée de se lever, elle prit le seul vêtement qu'elle eût à sa disposition; alors on courut prévenir le comte de Warvick, l'évêque Cauchon et d'autres, qui vinrent constater cette prétendue violation des ordres que Jeanne avait reçus; et dès le lendemain 29 mai, sans vouloir entendre aucune des excellentes excuses qu'elle avait à donner, sans même la faire venir devant eux, les juges la condamnèrent au dernier supplice.

On ne perdit pas de temps. Le 30 mai, à neuf heures du matin, frère Martin Ladvenu se rendit à la prison de Jeanne d'Arc, et lui annonça le sort cruel qui l'attendait; il la confessa et la prépara à la mort. Bientôt on la fit monter dans un chariot qui l'attendait dans la cour du château; à côté d'elle étaient placés frère Martin Ladvenu, son confesseur, Jean Massieu et frère Isambard, qui lui avait témoigné un constant intérêt. Huit cents Anglais armés de haches, de piques, escortaient ce funèbre convoi.

Arrivée à la place du supplice, elle s'écria : « Ah ! Rouen ! Rouen ! est-ce ici que je devais mourir ! »

Trois échafauds étaient dressés sur cette place. Sur l'un étaient les juges ecclésiastiques; sur l'autre le cardinal de Winchester et les autres prélats et séculiers; le troisième fut occupé par Jeanne d'Arc.

Une multitude immense était accourue à ce cruel spectacle. Un docteur en théologie, Nicolas Midy, prit la parole, et dirigea contre la Pucelle une nouvelle accusation; il lui reprocha durement sa prétendue rechute, et finit par ces mots : « Jeanne, allez en paix; l'Eglise ne veut plus vous défendre et vous livre aux mains séculières. »

Jeanne d'Arc écouta tout ce discours avec le plus grand calme : quand il fut terminé, elle se mit à genoux et adressa à Dieu les prières les plus ferventes; elle déclara hautement qu'elle pardonnait à ses ennemis.

La vue de cette jeune fille si courageuse et si patiente au moment où elle avait devant les yeux une mort affreuse excita un mouvement du plus vif intérêt parmi les assistants. L'évêque de Noyon, et plusieurs autres ecclésiastiques français, descendirent de l'échafaud et se retirèrent; ils ne pouvaient s'empêcher de pleurer. L'évêque Cauchon conserva sa cruelle impassibilité jusqu'au dénouement de ce drame terrible; ce fut lui qui lut à la Pucelle la sentence qui la déclarait relapse et la condamnait à être brûlée vive.

Jeanne n'eut besoin que de quelques instants pour se préparer à la mort. Sur sa demande, on lui apporta une croix; elle s'agenouilla devant ce signe sacré qui lui rappelait tout à la fois l'injustice des hommes et la bonté de Dieu. J. Massieu et frère Isambard ne la quittèrent pas et ne cessèrent de lui donner les consolations et les exhortations dont elle avait si grand besoin à ce moment terrible. Cependant ces pieux préparatifs, ces retards nécessaires faisaient murmurer les Anglais, qui poussaient des cris féroces. Tout-à-coup deux sergents s'approchent de Jeanne, et menacent de la faire descendre de force de l'échafaud sur lequel elle était ; voyant cela, la courageuse jeune fille embrassa une dernière fois la croix qu'on lui avait apportée, et s'appuyant sur le bras de son confesseur, elle marcha avec fermeté vers le bûcher. Les Anglais ne purent attendre qu'elle s'y rendît elle-même, des hommes d'armes l'entraînèrent avec fureur.

Le bûcher était dressé sur un massif de plâtre. Quand Jeanne y fut montée, on plaça sur sa tête une mitre où étaient écrits en gros caractères les mots *hérétique, relapse, apostate, idolâtre*. On avait écrit sur une pancarte placée devant l'échafaud un ridicule amas d'injures grossières qui n'ont pu flétrir cette vertu sans tache, cette noble vie, et qui n'ont prouvé que la rage de ses ennemis contre elle.

Le bourreau attacha Jeanne à un poteau, puis il descendit et mit le feu au bûcher. Bientôt les flammes s'élevèrent tout autour de cette jeune et intrépide martyre ; ses yeux étaient fixés sur la croix que frère Isambard tenait devant elle, et sa voix, qui prononçait la prière des agonisants, était toujours ferme et distincte, malgré ses horribles souffrances. Le bourreau, voyant que le feu était lent et prolongeait les douleurs de la victime, eut la compassion de l'activer. Enfin on entendit sortir du sein des flammes un mot crié bien haut : « Jésus!... » C'était la dernière parole et le dernier soupir de Jeanne d'Arc.

Le feu s'éteignit, n'ayant plus rien à dévorer ; la foule s'en alla silencieuse et profondément attristée ; il ne resta autour du bûcher qu'un petit nombre d'Anglais qui avaient mission d'insulter cette jeune fille après sa mort. Le cardi-

nal de Winchester avait ordonné que les cendres et les os
de Jeanne d'Arc seraient jetés dans la Seine. Cet ordre
fut exécuté.

Ainsi périt l'illustre et infortunée Jeanne d'Arc. Elle
avait dix-neuf ans à peine. Depuis un an elle était prisonnière, et souffrait les plus indignes traitements de la
part de ses ennemis, et la plus révoltante ingratitude de
ses amis. Depuis deux ans seulement elle avait quitté,
pour ne la plus revoir jamais, sa pauvre chaumière de
Domrémy. Elle fut modeste dans ses succès, ferme et sublime dans l'adversité. Toute sa vie fut irréprochable. Une
piété fervente l'animait sans cesse; elle y puisa le courage
et la grandeur.

Charles VII, devenu paisible possesseur de son royaume,
voulut faire reviser le procès scandaleux de Jeanne d'Arc;
il s'adressa au pape Calixte III. La famille de Jeanne d'Arc
envoya aussi une supplique pressante au souverain pon-

tife, qui y fit droit par un bref daté des ides de juin 1455.

Les principaux évêques de France, les docteurs les plus renommés par leur instruction et leur piété, s'assemblèrent, examinèrent longuement et minutieusement cette infâme procédure, et le 7 juillet 1456 ils prononcèrent leur sentence, qui déclara nul et invalide le jugement qui avait frappé Jeanne d'Arc, comme entaché de dol le plus manifeste, de calomnie et d'iniquité, avec des erreurs de droit et de fait.

Ce jugement fut publié solennellement dans la ville de Rouen, avec processions et prédications publiques, l'une à la place Saint-Ouen, où s'était passée la scène de la fausse abjuration de Jeanne d'Arc; l'autre au lieu même de l'exécution. Il fut aussi ordonné qu'il serait érigé une croix en cet endroit pour perpétuer le souvenir du crime horrible qui s'y était commis, et de son expiation.

Cet hommage fut à peu près le seul qui témoigna de la reconnaissance et de l'admiration publiques envers la Pucelle d'Orléans, jusqu'en 1820. Jusqu'alors la maison même où elle reçut le jour, d'où elle partit pour chasser l'étranger du territoire français, restait abandonnée et tombait en ruines.

Une circonstance bizarre appela sur cette maisonnette l'attention du gouvernement. Lors de l'invasion en 1815, les étrangers, qu'on appelait alors les alliés, vinrent visiter avec un religieux empressement cette chaumière que les Français laissaient dans un oubli honteux. Chaque visiteur contemplait avec respect ces ruines célèbres, et emportait comme souvenir un morceau de pierre ou de vieux bois. Un général prussien alla trouver M. Gérardin, qui était propriétaire de cette maisonnette historique, et lui proposa de la lui acheter pour la somme de six mille francs. Cet honnête homme n'était pas riche ; cependant il refusa un pareil marché. Cette offre, ce refus firent quelque bruit, et quatre ans plus tard le département des Vosges sollicita M. Gérardin de lui céder cette maison, et la lui paya deux mille cinq cents francs.

Le roi Louis XVIII, informé de ce fait, envoya à M. Gérardin la croix d'honneur, et ordonna au préfet des Vosges de s'occuper activement de la réhabilitation de ce monument qui devait être si précieux pour la France. Il envoya de suite une somme de vingt mille francs pour être affectée à cette œuvre. On ouvrit une souscription dans toute la France, et avec les fonds recueillis on restaura la maisonnette de Jeanne d'Arc. On acheta les maisons environnantes ; on bâtit sur leur emplacement une école gratuite pour les jeunes filles, et on éleva sur la place de Domrémy une fontaine publique surmontée du buste en marbre de la Pucelle d'Orléans.

Une table en marbre a été placée contre le mur de la chambre où la tradition prétend qu'est née Jeanne d'Arc ; on a gravé sur cette table l'inscription suivante :

L'AN M CCC XI
NAQUIT EN CE LIEU
JEANNE D'ARC
SURNOMMÉE LA PUCELLE D'ORLÉANS
FILLE DE JACQUES D'ARC ET D'ISABELLE ROMÉE
POUR HONORER SA MÉMOIRE
LE CONSEIL GÉNÉRAL DU DÉPARTEMENT DES VOSGES
A ACQUIS CETTE MAISON
LE ROI
EN A ORDONNÉ LA RESTAURATION
IL A FONDÉ UNE ÉCOLE D'INSTRUCTION GRATUITE
EN FAVEUR DES JEUNES FILLES
DE DOMRÉMY DE GRIEUX ET AUTRES COMMUNES
ET A VOULU QU'UNE FONTAINE
ORNÉE DU BUSTE DE L'HÉROÏNE
PERPÉTUAT SON IMAGE
ET LES PREUVES DE LA RECONNAISSANCE
PUBLIQUE.
CES OUVRAGES ONT ÉTÉ ACHEVÉS LE XXV AOUT M DCCC XX.

En parlant des hommages rendus à la mémoire de
Jeanne d'Arc, nous serions coupables d'oublier cette ra-
vissante statue sculptée par la princesse Marie d'Orléans,
que la France eût regardée comme un de ses premiers ar-
tistes, si elle n'eût été princesse. Ce monument a plus
contribué que la pieuse donation du roi Louis XVIII à po-
pulariser la noble figure de cette jeune fille. Honneur au
vieux roi et à la jeune princesse, qui ont tiré d'un oubli
coupable une des plus belles gloires de la France !

SYLVIE D'AUBERCOUR

SYLVINE-JOLIOTTE D'AUBENCOURT.

La plupart des jeunes filles dont nous avons écrit l'histoire, la plus grande partie de celles dont le nom est vénéré par la postérité, ne doivent leur célébrité qu'à cette vertu sublime qui prend toutes les formes, et qui semble être plus particulièrement le partage des femmes, le dévouement.

Sylvine-Joliotte d'Aubencourt fut encore un de ces anges de la terre dont la vie tout entière consacrée au bonheur, à la joie, au salut des autres, doit être proposée à l'admiration et au respect de la jeunesse.

Toute enfant, Sylvine fut privée de sa mère; non pas que la mort la lui eût ravie; mais une loi qui blesse tout à la fois la morale, la pudeur et la religion, le divorce était alors en vigueur, et M. d'Aubencourt répudia sa femme, dont la conduite ne répondait pas à l'affection qu'il avait pour elle. Il resta, pour ainsi dire, veuf avec trois enfants. Sylvine était l'aînée; elle avait huit ans à peine. Douée d'une

16

intelligence rare, elle fit de rapides progrès dans toutes les sciences que son père jugea à propos de lui faire apprendre. Cependant il ne voulait pas en faire une savante ou un poète, mais, ce qui vaut bien mieux, une femme aimable, assez instruite pour prendre dans le monde une place honorable, y tenir une conversation intéressante, y être aimable et utile, s'attirer la bienveillance et l'amitié de tous : ainsi était déjà à douze ans la jeune Sylvine d'Aubencourt.

Vous rencontrerez encore assez souvent dans le monde des jeunes filles de douze à treize ans, des enfants que la nécessité rend femmes avant l'âge. Intelligentes, actives, infatigables, elles s'occupent des soins du ménage; elles y introduisent l'ordre, l'économie, vertus précieuses qui procurent seules l'aisance et le bien-être. Le plus souvent ces enfants ont perdu l'un ou l'autre des auteurs de leurs jours; elles veillent à tous les petits détails de la vie domestique, auxquels les hommes sont impropres; vous les voyez au marché, à la cuisine, au salon, partout admirables. Si elles ont des frères ou des sœurs plus jeunes qu'elles, elles en prennent un soin affectueux, depuis le moment où elles les ont éveillés avec des baisers jusqu'à celui où elles les endorment au son de quelque naïve chanson. Avec quelle délicate et minutieuse attention elles font la toilette de ces êtres chéris! Comme elles ont soin qu'aucun de leurs petits vêtements ne gêne, ne blesse leurs membres délicats! Durant toute la journée elles ont constamment sur eux un œil attentif. Quelle que soit leur occupation dans l'intérieur du ménage, elles ne les perdent jamais de vue; elles sont toujours près d'eux au moindre danger, à la plus légère alarme; et quand ils arrivent à l'âge où ils peuvent recevoir

les premiers éléments des sciences, c'est encore cette sœur
dévouée qui devient leur premier instituteur. Avec quelle
patience alors, avec quelle infatigable persévérance elle
montre à ces bambins à épeler les premières lettres, à former les premiers O! Quel maître aurait cette affection
soutenue, douce, infatigable? Quand l'enfant impétueux,
enchaîné à ces premières études, s'ennuie, se fatigue et
pleure, un baiser, une douce caresse le calme et lui donne
de nouvelles forces; de petites récompenses à propos dis-
tribuées soutiennent sa volonté chancelante, sa faible énergie. Je ne connais pas un plus ravissant spectacle que
celui d'une jeune fille, enfant elle-même, initiant à la vie,
aux rudes commencements de l'existence, d'autres enfants
comme elle. Quel bonheur respirent toutes ces petites

tètes blondes, jouant, étudiant ensemble, qui ne connaissent encore que les jours purs et roses de la vie! Hâtez-vous de jouir du bonheur de l'enfance, enfants naïfs, fleurs à peine écloses, hâtez-vous d'ouvrir au soleil vos pétales blancs : le printemps passe vite ; l'automne arrive bientôt, sombre et menaçant.

Sylvine d'Aubencourt était ainsi la providence de toute sa famille. Elle entourait ses deux jeunes frères de l'affection la plus active et la plus touchante. Elle charmait son excellent père ; elle le consolait de ses chagrins domestiques, de l'ingratitude de sa femme, par les plus naïves caresses ; ses vertus de jeune fille prédisaient une femme accomplie. Elle enchantait tout le monde par ses aimables qualités. Sa conversation, où brillait sa belle âme, et son éducation soignée, la rendaient aimable partout. Ses prévenances, sa douceur, étaient les mêmes pour ses supérieurs que pour ses inférieurs ; elle n'était pas moins polie envers le pauvre qu'envers le riche, envers le domestique qu'envers le maître. Tous les paysans du village, tous les serviteurs du château l'aimaient comme leur propre fille, et la respectaient comme une mère ; toutes les mères la proposaient pour modèle à leurs filles. Tous les malheureux avaient en elle un ange gardien. Jamais un pauvre ne se présenta au château non seulement sans y recevoir un soulagement, mais sans bénir encore la main qui donnait avec tant de grâces et de bonté.

Sylvine confiait rarement à d'autres le soin de ses deux jeunes frères ; elle les instruisait et les promenait elle-même ; elle avait l'habitude de les mener jouer dans un petit bois, non loin du château. Un jour qu'elle y était allée, elle leur avait promis cette partie de plaisir comme récompense de leur docilité : pauvre jeune fille ! Elle avait emporté avec elle des fruits, des gâteaux, des confitures,

pour faire un petit dîner sur l'herbe; un dîner sur l'herbe,
la grande joie, le plaisir suprême des enfants! C'était par

une de ces chaudes soirées d'été. A peine avaient-ils fini
leur joyeux repas, que le ciel se couvrit de nuages sombres
et menaçants. Bientôt des éclairs terribles sillonnent ce
ciel noir; la foudre gronde au loin. Les deux petits garçons,
transis de peur, se réfugient auprès de leur sœur, que cet
orage désolait, mais n'effrayait pas. Elle les abrita le mieux
possible, pensant que cet orage serait de courte durée;
mais combien son espoir fut cruellement trompé! La pluie
tomba par torrents et eut bientôt mouillé ces pauvres petits êtres, qui tremblaient de tous leurs membres. Le vent
agitait les arbres avec une telle violence, qu'il devint dangereux de rester dans le bois; à chaque instant d'énormes
branches tombaient par terre, brisées par la force du

vent, écrasant tout ce qui se trouvait sous leur chute.

Sylvine vit bien alors que cette tempête durerait le reste du jour, et que, malgré tous les dangers, elle n'avait pas d'autre parti à prendre que de regagner au plus tôt le château, sous peine d'exposer ses jeunes frères aux plus grands dangers.

L'intrépide jeune fille n'hésita pas long-temps; elle les prit tous deux par la main, et après avoir adressé à Dieu une courte prière, elle s'aventura à travers les champs par le chemin le plus direct. La pluie ne cessait de tomber, la foudre de déchirer le ciel; à chaque pas les pauvres enfants faillirent tomber. Le vent les jetait tantôt d'un côté, tantôt de l'autre. Les petits garçons, transis de peur et de froid, avaient presque perdu tout sentiment, et se laissaient machinalement entraîner. Ils n'étaient plus bien éloignés du château, quand ils rencontrèrent sur leur route un ravin grossi par les pluies, large et des plus dangereux. Quel fut le désespoir de Sylvine à la vue de cet obstacle! Son courage n'en est cependant pas abattu; elle prend un de ses frères dans ses bras, charge l'autre sur ses épaules, se recommande à Dieu, et s'élance intrépidement dans le ravin furieux. Ce qu'un homme fort, intrépide, dans la fleur de l'âge, n'aurait peut-être pas entrepris, cette jeune fille de quinze ans le fit. Malgré la pluie qui tombait, malgré l'impétuosité des eaux qui la baignaient jusqu'à la ceinture, malgré les pierres roulées par ces eaux furieuses, et qui venaient à chaque instant frapper ses faibles jambes, elle parvint à déposer sur le rivage opposé ses deux frères, qui avaient perdu toute connaissance. Alors, s'oubliant elle-même, elle les embrasse, les caresse, les réchauffe autant qu'elle peut, les encourage par les plus douces paroles et les ramène à la vie. Elle les reprend de nouveau par leurs petites mains glacées, et les guide à travers mille obstacles. Bientôt ils eurent atteint les premières maisons du village.

Bientôt ils entrèrent dans le château, où leur absence causait les plus vives, les plus dévorantes inquiétudes. Un cri de joie les accueillit : Les voilà ! les voilà sauvés ! M. d'Aubencourt, ivre de bonheur, pressait tour à tour ses enfants sur son cœur, les inondait de caresses et de larmes. Sylvine, toujours dévouée, s'occupait exclusivement de ses frères, qu'elle approchait du feu, auxquels elle courait chercher des vêtements secs et chauds. Mais tout-à-coup cette intrépide enfant pâlit, chancelle et tombe ; ses forces, soutenues par le danger d'abord, par la joie ensuite, étaient épuisées. On s'empressa de la mettre au lit. Personne ne songeait alors qu'elle ne s'en relèverait jamais.

Cependant une fièvre ardente la saisit ; le sang se porta

à la tête avec violence ; on eut bientôt perdu tout espoir de la sauver.

Cette jeune fille ne fut pas moins admirable à l'approche de la mort que pendant toute sa vie : la vertu, inspirée de bonne heure aux enfants, s'infiltre, pour ainsi dire, dans leur sang, devient partie intégrante d'eux-mêmes et ne les quitte jamais.

Une seule idée occupait cette enfant sublime dans son délire comme dans ses moments lucides : elle ne songeait qu'à ses frères, à son père désolé. C'est en les pressant tous trois sur son cœur, en prononçant leurs noms chéris, en les consolant, que cette jeune fille mourut, victime du sentiment fraternel, en l'année 1735, à Pierrefort en Auvergne ; elle venait d'avoir quinze ans. Ai-je besoin de dire que le village entier la pleura et porta le deuil ? La vertu a des droits qu'on respecte partout, partout et toujours elle inspire les mêmes regrets, quand, il plaît à Dieu de la rappeler à lui.

PRASCOVIE LOPOULOFF.

Qui ne connaît la Sibérie, étrange et malheureux pays, qui renferme à la fois les sources de la richesse et la plus affreuse désolation, des mines d'or et d'argent, et des serfs condamnés à toutes les misères humaines; terre maudite qui alimente les somptuosités des empereurs de Russie et qui exécute leur vengeance, qui donne ses trésors en échange de prisonniers; mère indigne, qui laisse mourir de faim et de froid ses enfants et ses hôtes, et comble de faveurs ses maîtres lointains? Bienfaitrice des uns, bourreau des autres.

Vers le commencement de ce siècle, il y avait dans ce pays une famille qui expiait, non pas le crime, mais le malheur de son chef, Jean Lopouloff, vieux soldat qu'on avait jeté dans cet exil. Cette famille était peu nombreuse; vous l'auriez vue dans une chétive cabane d'Ischim, petite ville ou village du gouvernement de Tobolsk; elle se

17

composait de Jean Lopouloff, de sa femme Anne et de leur unique enfant Prascovie. A cette époque, cette jeune Russe pouvait avoir quatorze ans. Rien n'était plus triste à voir que cette famille au premier aspect : la misère la plus profonde l'entourait; mais quand on l'avait considérée quelque temps, on n'osait plus la plaindre. La mère et le père chérissaient leur enfant jusqu'à l'idolâtrie, et Prascovie leur rendait un amour et un dévouement sans bornes. L'affection que ces infortunés avaient l'un pour l'autre aurait changé leur misère en bonheur et leur chaumière en palais, si le souvenir de leur position passée, de la patrie absente, n'était venu souvent attrister jusqu'aux larmes le vieux Lopouloff et sa bonne compagne. Prascovie, amenée jeune encore dans cet exil, ne regrettait rien, car elle ne se souvenait de rien; elle ne savait que par ouï dire qu'il y avait en Russie de grandes villes opulentes, renfermant des maisons bien chaudes, dans lesquelles on était à l'abri du froid. Elle n'avait jamais été plus heureuse; jamais la pauvre enfant n'avait connu les aises et le bien-être de la vie; elle supportait donc sans de grandes peines une position dans laquelle elle était pour ainsi dire née. Cependant la vue de ses parents en pleurs, les regrets qu'ils exprimaient souvent, lui firent comprendre, dès qu'elle avança en âge, le malheur de l'exil; elle devina facilement que le retour dans la patrie pourrait seul rendre au bonheur les objets de sa vive affection. Elle ne songea bientôt plus qu'aux moyens de faire cesser l'exil de ses parents; mais comment parvenir à ce but? Pauvre enfant isolée, comment obtenir une pareille faveur? Elle ne peut se l'expliquer; cependant elle l'espère, elle y croit, et sa croyance s'augmente sans cesse de toute l'ardeur de son désir. Elle sut bientôt que l'empereur seul pouvait lui

accorder cette grâce, que l'empereur était à Saint-Pétersbourg, et que d'Ischim à Saint-Pétersbourg il n'y avait
pas beaucoup moins de huit cents lieues. Son courage
n'en est pas alarmé; il s'exalte au contraire à la vue des
difficultés, des dangers. Le premier obstacle était le plus
grand peut-être : il fallait que Prascovie décidât ses parents à la laisser partir pour cette ville lointaine. Il est
facile de comprendre combien de résistances, de prières,
de menaces, elle eut à surmonter : c'était leur unique enfant,
une enfant adorable et adorée, leur unique amour, leur
seule espérance, leur seule joie; et cependant elle parvint
à obtenir leur consentement. Il y a dans la conviction et
dans le dévouement je ne sais quelle puissance qui sub-
jugue et maîtrise les autres.

Un jour tous les pauvres exilés qui partageaient le triste
sort de Lopouloff se rassemblèrent dans sa cabane; c'était
un huit de septembre, jour d'une fête de la Vierge, et an-
niversaire de la naissance de Prascovie. Elle avait choisi

ce jour, qui lui était cher à plusieurs titres, pour son départ; elle était dès le matin toute équipée pour ce voyage. Les voisins arrivés, elle s'agenouilla pour recevoir la bénédiction de ses parents. Ils lui donnèrent en outre tout ce qu'ils possédaient d'argent, et c'était une bien petite somme, un seul rouble, quatre francs environ; et l'ayant recommandée à Dieu, ils la laissèrent aller.

La consternation de tous les assistants était si grande, que chacun restait immobile, versant des larmes. Prascovie, courageuse et ferme, s'en allait seule, et n'osant se retourner sur cette scène désolante, quand deux voisins de Lopouloff se détachèrent du groupe en pleurs pour aller l'accompagner jusqu'aux limites de la bourgade. Arrivés là, ils augmentèrent son petit pécule de toutes leurs économies réunies, ce qui pouvait faire en tout une cinquantaine de kopecks; elle reçut leurs adieux, se recommanda à leurs prières, et s'éloigna de ce pays où elle avait été élevée, de ses parents adorés, de ses tristes compagnons d'exil, en donnant un libre cours à ses larmes.

Comment décrire maintenant cet incroyable voyage d'une jeune fille de quinze ans, seule, sans argent, à travers ces rudes et tristes pays, à travers ces champs presque déserts de la Sibérie, ignorant même la route qu'elle doit suivre; aujourd'hui accueillie et hébergée par de pauvres paysans, demain repoussée et abandonnée; d'autres fois obligée de passer la nuit dans les champs, blottie sous quelque arbre, dans quelque trou, exposée à toutes les intempéries! Plus d'une fois elle se crut arrivée au terme de sa vie et de ses fatigues; plus d'une fois la maladie vint l'arrêter en chemin. Jamais elle ne changea de résolution; jamais son courage ne faiblit; à peine échappée à un danger, elle en affrontait un nouveau; elle allait demandant un peu de pain de porte en porte, suppliant qu'on lui donnât l'hospitalité. Toujours confiante en Dieu, toujours animée par les plus douces espérances, elle avançait sans cesse vers le but de son voyage.

Elle arriva un soir dans un village ; elle était si fatiguée, qu'elle put à peine se traîner sous le porche de l'église ; elle était dans un état si piteux, qu'on la prit d'abord pour une vagabonde, qui sait ? pour quelque chose de pis encore : personne n'osait approcher d'elle. Le staroste (maire du village) vint enfin l'interroger ; elle répondit à ses questions avec tant de simplicité et de candeur, que ce brave homme, transporté d'admiration pour son héroïque dévouement, la fit conduire chez lui ; elle y reçut une hospitalité généreuse, répara ses forces épuisées. Le staroste, après l'avoir hébergée pendant plus d'un mois, ne voulut pas la laisser continuer sa périlleuse route sans lui avoir fait accepter des vêtements plus propres et plus chauds que ceux qu'elle portait ; une chaussure solide. Il y avait alors deux mois qu'elle avait quitté ses pauvres parents ; on était au fort de l'hiver, et les chemins étaient presque impraticables. Cependant elle se mit résolument en route. Elle marchait peu ; mais le peu qu'elle marchait, elle avançait vers son but. Elle voulait surtout arriver avant les grands froids à Ekaterinbourg, ville capitale de la province de ce nom ; elle espérait pouvoir y prendre du service dans quelque bonne maison pendant le fort de l'hiver, ou bien, comme cette ville est le siége de l'administration des mines et fonderies de Sibérie, et que les rapports avec Moscou étaient fréquents, elle croyait, d'après ce qu'on lui en avait dit, pouvoir prendre passage sur quelque traîneau qui conduisait des métaux ou des canons. Mais elle était encore bien éloignée de cette ville quand elle tomba d'épuisement et de fatigue sur le bord du chemin; elle y resta une nuit entière et le lendemain. Un convoi, qui allait porter des provisions à Ekaterinbourg pour la fête de Noël, la trouva toute transie. A la vue de cette pauvre enfant, les conducteurs du convoi furent émus de pitié; ils la prirent dans leurs pelisses, la réchauffèrent petit à petit, la placèrent à côté d'eux; elle arriva ainsi heureusement à la ville si désirée. Mais quand elle fut installée dans une bonne auberge où descendaient les conducteurs de traîneaux, elle s'aperçut avec effroi qu'elle avait perdu la bourse de cuir qui contenait toute sa petite fortune. Qu'on juge de la terreur de cette pauvre fille, qui avait déjà fait quelque dépense : elle vint trouver la maîtresse de l'auberge, lui raconta son malheur avec tant de franchise et de naïveté, que celle-ci ne put s'empêcher de la croire; elle la prit non seulement en pitié, mais en amitié, et la traita avec toutes sortes d'égards. Prascovie, de son côté, cherchait à se rendre utile en aidant à tous les travaux dont elle était capable. L'aubergiste voulait la retenir près d'elle au moins tout l'hiver; mais les mêmes conducteurs de traîneaux qui l'avaient amenée ayant pris du chargement pour une ville qui la rapprochait de Saint-Pétersbourg, elle se remit aussitôt en route avec eux. Arrivés au terme de leur voyage, ces braves gens lui dirent adieu, firent des vœux pour l'heureux accomplissement de son saint pèlerinage et la laissèrent.

Prascovie avait compté sur celui-là seul qui ne trompe jamais, sur Dieu, pour accomplir son généreux projet. Aussi quand les hommes l'abandonnaient, son refuge était toujours le même, le temple : elle s'y rendit encore cette fois; son premier soin fut de remercier le Seigneur de ce qu'il avait déjà fait pour elle. Sa ferveur, le mauvais état de son habillement la firent distinguer bientôt par une bonne dame qui priait non loin d'elle. Madame Milin s'approcha de Prascovie l'interrogea, et, satisfaite de ses réponses, l'emmena chez elle.

Les âmes bonnes et honnêtes se devinent, se comprennent et s'aiment à la première vue. Prascovie était à peine chez madame Milin, qu'elle s'était fait une amie de sa protectrice. On peut voir par cet exemple combien sont cachées les voies de la Providence. Au moment où Prascovie devait se croire perdue, où elle était sans ressource aucune, tous les secours lui arrivent ensemble : pour la première fois peut-être, elle va voir que son projet n'est pas insensé, et que sa réalisation, quoique difficile, n'est pas absolument impossible, comme tout le monde le lui a dit jusqu'à présent. Madame Milin, qui était comme Prascovie une de ces femmes de dévouement intrépide, approuva l'héroïque résolution de la jeune Sibérienne ; elle lui dit qu'elle avait des amis puissants à Moscou et à Saint-Pétersbourg, et qu'elle l'adresserait à eux. Cependant elle ne voulut pas que Prascovie se remît en route avant la fin des grands froids. Durant plusieurs mois qu'elle la garda près d'elle, elle lui enseigna les premiers éléments de lecture et d'écriture. Elle lui apprit les grandes et sublimes vérités de la religion ; elle crut que, pouvant donner à son âme généreuse la divine nourriture de la science et de la religion, elle ne ferait pas assez pour sa nouvelle amie si elle ne pourvoyait qu'à ses besoins physiques.

Les routes étant devenues plus praticables et le froid moins rigoureux, Prascovie supplia madame Milin de lui laisser accomplir son projet. Quelque peine que la bienfaitrice eût à se séparer de sa protégée, elle ne voulut pas mettre obstacle à cette belle action ; elle paya le passage

de l'exilée sur un bateau de transport qui devait la conduire à Nijnéi-Novogorod, ville située près du confluent
de l'Oka avec le Wolga, et distante seulement de Moscou
d'une centaine de lieues. Elle lui donna en outre une petite
valise bien garnie d'argent pour le reste de sa route, et
une lettre de recommandation pour une grande dame de
Moscou. La pauvre Prascovie quitta madame Milin, emportant la douce espérance qu'elle allait enfin toucher au
terme d'un si long et si périlleux voyage. Mais Dieu lui
réservait encore de nouvelles épreuves.

Elle fit heureusement le trajet jusqu'à l'embouchure de
la Khava dans le Volga. Depuis ce lieu le bateau remon-
tant le fleuve était tiré par des chevaux ; pendant un orage
très-violent, les bateliers voulant éloigner la barque du
rivage, la poussèrent avec une telle brusquerie, qu'elle
chavira ; trois personnes, au nombre desquelles était Prascovie, furent jetées dans le fleuve : on les retira aussitôt,
et la jeune fille ne fut que blessée légèrement. En vain la
pressa-t-on de quitter ses vêtements mouillés et de revêtir
les habits chauds et secs qu'elle avait avec elle ; comme le
bateau ne renfermait aucun endroit isolé où elle pût faire
ce changement, sa pudeur ne lui permit pas d'y procéder
devant ses compagnons de voyage. Un gros rhume la saisit
bientôt, et elle arriva à Nijnéi dans un état de santé fort
alarmant. Cependant ne voulant pas se rendre dans une
auberge, elle alla demander l'hospitalité dans un couvent
de religieuses, où madame Milin l'avait adressée. Sur la recommandation de cette dame, elle fut parfaitement reçue
des religieuses. Mais sa maladie augmentait, et faillit la
conduire au tombeau ; elle dura près d'une année. Dans les
intervalles lucides que lui laissaient ses souffrances, elle
continua les études commencées chez l'excellente madame

Milin. Revenue enfin à la santé, elle alla trouver l'abbesse, la supplia de lui donner les moyens de se rendre à Moscou, et lui promit volontairement que si Dieu couronnait son entreprise du succès, elle reviendrait à ce couvent apprendre à mieux connaître la religion, et qu'elle s'y consacrerait à Dieu, si ses parents de retour le lui permettaient.

Quelques jours après cette entrevue, Prascovie était à Moscou, et bientôt après à Saint-Pétersbourg.

urant la route de Moscou à Saint-Pétersbourg, Prascovie inspira un vif intérêt à un marchand qui habitait cette dernière ville. Il prit soin d'elle pendant le voyage, et, arrivé dans la capitale de l'empire russe, il ne voulut pas qu'elle prît d'autre logis que sa propre maison. Malheureusement ce marchand ne put rester que quelques jours à Saint-Pétersbourg, et, quoiqu'il n'eût aucune connaissance qui pût efficacement aider la pauvre jeune fille, il lui aurait au moins épargné bien des fatigues et bien des démarches inutiles. Prascovie avait une lettre de recommandation pour la princesse de T.... Mais elle ne put d'abord, malgré toutes ses recherches, trouver le domicile de cette dame. On lui avait, en outre, fort mal à propos persuadé que le sénat pouvait seul réviser le procès de son père, et qu'elle devait s'adresser à lui. Elle voulut voir plusieurs sénateurs, pour les prier de remettre et appuyer sa

supplique; mais les domestiques ne la laissaient pas même
arriver jusqu'à leurs maîtres, la voyant pauvre et miséra-
blement vêtue. Désespérée, elle rentra un jour chez son
hôte, fondant en larmes et ne sachant plus quel parti
prendre. La femme du marchand, qui était bonne et peu
craintive, lui dit qu'elle allait se mêler de ses affaires et
qu'elle les conduirait tout autrement. En effet, la mar-
chande se mit aussitôt dans ses beaux atours, prit Prascovie avec elle, et marcha à la recherche de la princesse
de T..., dont elle trouva facilement le palais.

Prascovie, introduite auprès de cette dame, lui expliqua
le but de son voyage, la supplia, les larmes aux yeux, de
lui venir en aide, lui raconta par combien de fatigues et de
périls elle était parvenue enfin dans cette grande ville de
Saint-Pétersbourg, où elle était abandonnée de tous. La
dame fut attendrie par ce naïf récit, et promit à Prascovie toute sa protection. En effet, dès le lendemain l'empereur Alexandre connaissait cette anecdote touchante, et
avait fait mander la pauvre fille de Lopouloff. Quels furent
l'étonnement et la joie de Prascovie quand elle se vit si
soudainement introduite dans le palais impérial ! Arrivée
près de l'empereur, elle se précipita à ses genoux et les
baisa avec transport. L'empereur ne lui donna pas le
temps de parler ; il la releva avec bonté et lui dit : « Je
connais votre noble dévouement, et déjà la grâce de
votre père vous est accordée. Celui qui a su inspirer à sa
fille une si grande vertu ne peut être un coupable. Allez,
noble enfant, et soyez heureuse. »

Prascovie allait en effet se retirer, quand elle songea
qu'il lui restait encore un devoir à remplir. Elle s'inclina
de nouveau devant l'empereur, et, rassemblant toutes ses
forces, elle lui dit : « Deux autres vieux soldats languis-

sent dans le même exil que mon père; ils m'ont accompagnée jusqu'aux limites du bourg d'Ischim, et m'ont
donné tout l'argent qu'ils avaient pour faire ma route.
Mettez le comble à vos bienfaits, ô noble empereur! en
m'accordant aussi leur grâce. » La pauvre enfant pleurait et tremblait. L'empereur ne voulut pas qu'elle fût à
moitié heureuse, et lui accorda la grâce de ses protégés.

Le lendemain Prascovie se mit en route pour le couvent

de Nijnéi, où elle arriva après une longue et pénible

marche. Elle revit avec joie ces cloîtres gothiques, cette magnifique chapelle où la divine religion du Christ lui avait été révélée dans toute sa sublime grandeur.

Il y avait dix-huit mois qu'elle avait quitté son père, sa mère. Elle venait les attendre dans cette demeure hospitalière. A peine arrivée, la maladie la saisit de nouveau ; sa santé, détruite par les fatigues, les sensations si profondes et si fréquentes, ne se rétablit plus. Le mal faisait, au contraire, chaque jour de nouveaux et terribles progrès. Elle vit arriver la mort sans aucune crainte ; elle l'avait si souvent bravée au milieu des dangers de toute espèce ! « Que j'aie seulement le bonheur d'embrasser mon vieux père, ma bonne mère, s'écriait-elle souvent, et je mourrai heureuse et contente. » Ce bonheur lui fut accordé. Elle mourut le 8 décembre 1809. Ses parents étaient arrivés quelques jours auparavant. « Hélas ! mon Dieu, disait-elle en expirant, je quitte cette terre sans regret, si vous me faites la grâce de les revoir dans le ciel. »

JUSTINE-NICOLETTE DE FOIX.

Ce fut l'an 1514 que Françoise de Foix épousa le comte de Chateaubriand. Quoique bien jeune encore (elle avait à peine treize ans), elle passait pour la beauté la plus remarquable de son temps; l'éclat de sa naissance était encore relevé par l'illustre nom qu'elle recevait de son époux. Riche elle-même, elle entrait dans une maison riche et puissante; jeunesse, beauté, honneurs, richesses, tout ce qu'on appelle les grands bonheurs de la vie, Françoise de Foix l'avait en partage. Comme l'avenir devait apparaître resplendissant et magnifique à cette jeune et noble fille! Quelque temps après son mariage, le comte quitta son vieux manoir de Chateaubriand pour aller guerroyer, recommandant à sa jeune épouse de vivre solitaire et sage dans la compagnie de ses femmes, et surtout et avant tout lui défendant d'aller à la cour fastueuse du roi François Ier. Mais bientôt les froids honneurs du château féodal, la noble et triste solitude, la compagnie de vieilles matrones, ennuyèrent cette jeune femme, qui avait rêvé bien d'autres joies en se mariant. Le roi la pressait de venir embellir la cour; il l'en pria : elle eut la faiblesse coupable d'y consentir; elle quitta bientôt sa vieille et austère Bretagne pour le séjour magnifique de Paris et de Saint-Germain, emmenant avec elle sa petite fille Justine-Nicolette de Foix, qui venait de naître. Quelques années s'écoulèrent pour la comtesse de Chateaubriand au milieu des fêtes et des splendeurs de la cour de France. Mais les causes qui avaient éloigné le comte de Chateaubriand n'existant plus, il revint dans son comté, et y rappela sa jeune épouse et sa fille, qui avait alors six ans. Jaloux et furieux de la désobéissance de la comtesse, il méditait une vengeance terrible. A peine cette pauvre jeune femme fut-elle entrée dans le château, que le comte, après lui avoir reproché sa conduite dans les termes les plus outrageants, la fit renfermer dans une vaste pièce, préparée à l'avance pour être son éternelle prison.

Rien n'était plus affreux que cette pièce : toutes les fenêtres avaient été bouchées, et elle était toute tendue de noir; une lampe sépulcrale jetait sa pâle lumière dans ce vaste cercueil. Un peu de pain et d'eau était toute la nourriture accordée à la comtesse de Chateaubriand, naguère fêtée à la cour du plus fastueux des rois. Au moins une consolation lui fut-elle laissée; on permit qu'elle gardât auprès d'elle sa fille chérie. On avait pensé que cette enfant, effrayée par le funèbre aspect de ces lieux, demanderait elle-même à n'y pas rester; mais cette attente fut déçue. Justine-Nicolette ne voulut jamais quitter sa mère. Elle refusait tout pour rester dans cet affreux séjour. Cette touchante affection, ce dévouement sublime dans un enfant si jeune, avait augmenté encore l'amour que la comtesse avait pour sa fille. Sa prison lui était devenue tolérable. Ce que voyant le comte de Chateaubriand, il pensa que sa vengeance ne serait complète que s'il pouvait séparer l'enfant de la mère, et il le tenta.

Un jour on vint arracher de ce lieu funèbre la jeune Nicolette de Foix, malgré ses prières et ses larmes. Pour la distraire, on lui mit de magnifiques vêtements; on la conduisit dans les fêtes; on lui donna mille jouets; on l'entoura de jeunes enfants de son âge. Rien n'y fit : elle ne demandait, ne voulait qu'une seule chose, sa mère! Irrité de cette obstination, qui aurait dû plutôt l'attendrir, le comte, n'espérant plus rien de la douceur, employa la rigueur et les menaces pour amener sa fille à ses volontés : il la renferma seule dans une chambre presque déserte. La jeune Nicolette perdit alors tout espoir de fléchir son implacable père; elle résolut de mourir plutôt que de vivre séparée de sa mère. Cette résolution prise, elle déclara qu'elle refuserait toute nourriture jusqu'à ce qu'on lui eût accordé sa demande. Cette menace effraya peu; on pensait bien que cette volonté d'enfant ne tiendrait pas devant les tortures de la faim. Il en fut cependant ainsi qu'avait dit l'enfant. En vain lui apportait-on les mets les plus appétissants; en vain la priait-on, la menaçait-on; elle restait inébranlable. Le comte de Chateaubriand eut la cruauté de pousser jusqu'aux dernières limites cette affreuse expérience; mais il recula devant la certitude d'une mort prochaine. On remit la jeune colombe dans le nid de sa mère, qui la ranima par ses baisers, qui la réchauffa dans son sein, et la rappela à la vie, ou, pour mieux dire, aux douleurs; car le faible estomac de cette enfant, délabré par ce long jeûne, ne reprit plus jamais l'exercice complet et facile de ses fonctions; et puis, à cette jeune plante, si tôt brisée par le vent de la douleur, pour reverdir, pour reprendre cette vie qui avait failli l'abandonner pour toujours, il aurait fallu le grand air, la bonne rosée du matin, le soleil fécond. Et vous savez dans quel tombeau on la tient renfermée. Elle y resta près d'un an encore, donnant au monde un spectacle, je crois, bien unique. Quel héroïsme dans un enfant si jeune! affronter pour sa mère non pas

seulement une mort horrible, mais mille morts, pendant
une longue année. La maladie faisait chaque jour de nouveaux progrès. Enfin Dieu la rappela à lui ; Nicolette
mourut, tenant sa mère embrassée et ne la voulant pas
quitter. Mais celle-ci la consolait en lui disant : A bientôt.

La plus courte en ce monde est la meilleure vie.

La comtesse de Chateaubriand eut à peine en effet le
temps de rendre à son enfant les honneurs funèbres. Le
comte, ayant appris la mort de sa fille, monta dans la tour
où était renfermée la comtesse, menant avec lui cinq domestiques armés et deux chirurgiens. Là, après avoir
accablé cette pauvre jeune femme des plus sanglantes injures, il la fit attacher sur une table et saigner des quatre
membres à la fois. La mort suivit de près cette horrible
opération. La jeune comtesse mourut, pleine de repentir
et de résignation, remerciant son cruel époux de la réunir
à un enfant qui avait partagé ses douleurs : et il y eut ce
jour-là deux anges de plus dans le ciel : le repentir est une
seconde innocence.

Challamel lith.   JUSTINE NICOLETTE DE FOIX.

Cette histoire nous a été racontée par un vieux laboureur de .... Nous étions assis .... devisant en-

semble. Par l'endroit où nous étions, on apercevait une croix de bois plantée ...... au petit tertre; cette croix avait bien des fois .... quoiqu'elle .... elle ne portait d'autre inscription qu'un mot à demi effacé : Massacre, et .... octobre 1814.

Je n'avais jamais demandé le sens de .... le soupçonnai. J'aimais le village .... le village où ...... je passais ma vie, ... près .... une

MARIETTE.

Cette histoire nous a été racontée par un vieux laboureur flamand. Nous étions assis tous deux sur le bord du chemin, devisant ensemble. De l'endroit où nous étions, on apercevait une croix de bois plantée sur un petit tertre; cette croix avait bien des fois attiré mes regards et éveillé ma curiosité; elle ne portait d'autre inscription qu'un nom à demi effacé : MARIETTE, et au-dessous une date, 1814.

Je n'avais jamais demandé le sens de cette courte inscription. J'aimais le vague où elle me laissait, et chaque fois que je passais devant cette tombe solitaire, mon ima-

19

gination créait une nouvelle explication de cette triste
énigme.

Comme j'avais les yeux fixés sur la croix, le laboureur
les porta aussi de ce côté, comme pour voir ce qui attirait si
fortement mon attention. Bientôt saisis tous deux de la
même pensée, nous avions cessé de parler.

« Pauvre Mariette ! » s'écria-t-il tout-à-coup, essuyant
une larme et se levant pour reprendre son travail.

Je le retins, le priai de rester un instant, et bientôt
j'ajoutai : « Quelle est donc l'histoire de Mariette ? »

Il me regarda avec étonnement : « Tout le monde la
connaît, répondit-il.

— Je ne l'ai demandée à personne.

— Vous voyez bien, me dit-il aussitôt, cette chaumière
là-bas, au bout de la prairie? il y a vingt ans que Mariette
y vivait, chez de braves
gens qui n'y sont plus. Si
vous l'aviez vue, mon bon
monsieur ! il n'y avait pas
dans tout le pays une
plus belle créature: forte,
alerte, infatigable, servia-
ble surtout, toujours prête
à aider le voisin; la pauvre enfant n'avait rien,
elle trouvait le moyen d'o-
bliger tout le monde; ni
vous ni moi n'aurions fait
meilleure journée qu'elle
alors qu'elle n'avait en-
core que treize ans. N'était sa tristesse continuelle, on ne
pouvait rien imaginer de plus charmant que cette enfant.

Elle n'avait plus de parents, mais tout le village l'aimait comme des parents savent aimer ; il n'y avait pas une porte où elle n'aurait pu aller frapper, pas une table où elle n'aurait pu aller s'asseoir. Mais je vais commencer par le commencement.

» Pierre Madou, qui était le père de Mariette, fut forcé de partir pour l'armée, et d'abandonner femme et enfant. La femme n'avait guère beaucoup plus de vingt ans, et la fille plus de deux. A l'armée, Madou fit son devoir comme un bon Flamand qu'il était ; mais il eut du malheur : il fut fait prisonnier, et je ne sais trop comment il tomba entre les mains des Anglais. Sa fille avait huit ans quand on apprit cette nouvelle au village ; la femme Madou venait de mourir. Que Dieu veuille avoir son âme ! ajouta-t-il en faisant le signe de la croix. Le travail l'a tuée. Il s'en fallut de peu que Mariette n'en devînt folle, toute jeune qu'elle était. Nous avons cependant fini par la consoler un peu. Chacun voulait avoir chez soi cette pauvre petite orpheline. Elle s'en est allée chez les Duval, qui étaient cousins de son père. Les Duval commençaient à se faire vieux, ils n'avaient pas d'enfants ; elle les aida d'abord, puis les servit, puis travailla pour eux. Mais on gagne peu dans nos pays, vous le savez, et quand une pauvre petite créature de treize à quatorze ans a nourri de son travail elle et deux vieillards, elle court grand risque de ne pouvoir faire des économies. Cependant on apprenait chaque jour de plus tristes nouvelles de Madou ; le pauvre prisonnier se désespérait, se lamentait. Sur les pontons où il était, n'ayant jamais rien su de sa vie que cultiver la terre et se battre, il ne pouvait gagner un sou. Il écrivait qu'il ne vivrait pas long-temps ainsi, ne pouvant même fumer, faute d'argent pour acheter du tabac. Nous avons tant fait, sa fille a tant travaillé, tant couru de tous côtés, qu'une première fois nous lui avons envoyé quelque soulagement. Une autre fois nous avons encore pu faire quelque chose. Mais le village est pauvre, mon bon monsieur ; il l'est beaucoup moins aujourd'hui, mais alors vous n'y auriez pas trouvé vingt pistoles, et chacun a ses petites charges. Depuis long-temps on n'avait rien envoyé à Madou. Mariette était triste ; elle travaillait avec un courage indomptable ; le jour aux champs, la nuit au filoir. La sueur et les larmes mouillaient souvent sa figure d'ange, et cependant son travail suffisait à peine à nourrir les Duval, vieux et infirmes, et qui n'avaient plus d'autre soutien qu'elle.

» Mais j'ai oublié de vous dire, je crois, que Mariette avait les plus beaux cheveux qu'on pût voir au monde, cheveux blonds et dorés comme les épis en août, longs, soyeux ; c'était l'admiration de tout le pays. Un homme de Saint-Omer, qui passait dans nos campagnes et qui y faisait des commerces inconnus, vit cette riche chevelure ; il proposa de l'acheter pour un petit écu. Mariette, heureuse de pouvoir envoyer le petit écu à son père, allait livrer sa tête au marchand ; nous en avons exigé deux ; le marchand les a donnés. Quand elle se vit rasée, quand elle vit sa tête nue, qu'elle se vit privée de sa seule richesse, la pauvre enfant ne put s'empêcher de pleurer ; mais quand elle eut dans les mains les deux écus, qu'elle les envoya au pauvre Madou, elle aurait encore eu vingt chevelures, qu'elle les aurait toutes volontiers sacrifiées. Nous étions tous tristes et désolés de voir ainsi tondue la plus jolie fille du village ; c'était aussi la première qui eût vendu ses cheveux dans notre pays. Elle était transportée de joie. Tous frais d'envoi payés, il revint à Madou un peu plus d'un petit écu, qui lui servit à revenir au pays ; car à peine eut-il reçu cet argent qui avait coûté si cher à sa fille, qu'on le renvoya.

» Il nous arriva un jour sans nous avoir prévenus ; sa fille travaillait dans le champ où vous voyez la croix. Le vieux Duval se chauffait au soleil non loin de là. Le prisonnier vint à eux ; le bonhomme le reconnut, et cria à Mariette : « Petite, voilà ton père ! » Le père et l'enfant se jetèrent dans les bras l'un de l'autre. Ils y restèrent long-

temps. Madou pleurait ; quand il regarda sa fille, il la vit évanouie ; elle mourut un instant après ; la joie l'avait suffoquée.

» On l'enterra où elle était tombée. M. le curé nous disait en l'enterrant, je m'en souviens encore : « Mes amis, ne pleurez pas sur Mariette, elle est au ciel ; pleurez sur vous, qui ne verrez plus cette sainte fille ; et ne la pourrez plus montrer à vos enfants comme l'image de la vertu sur la terre. »

» Chaque année nous venons déposer des couronnes de roses sur cette tombe, le 15 août, fête de la vierge Marie. »

TABLE DES MATIÈRES.

PREMIÈRE PARTIE.

JEUNES GENS CÉLÈBRES.

<hr />

DEUXIÈME PARTIE.

JEUNES FILLES CÉLÈBRES.

Typographie de Ve Doudey-Dupré, rue Saint-Louis, 46, au Marais.

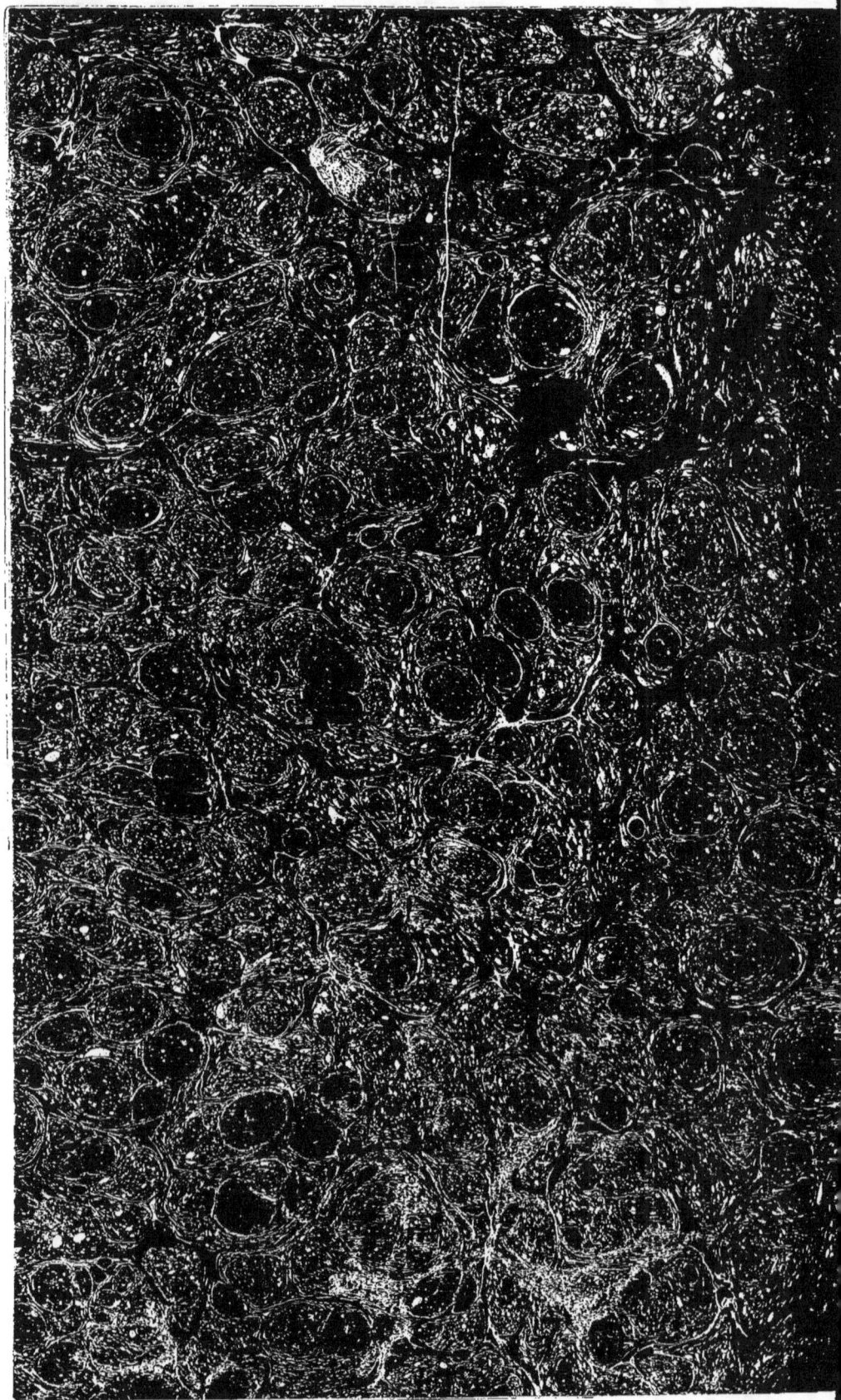

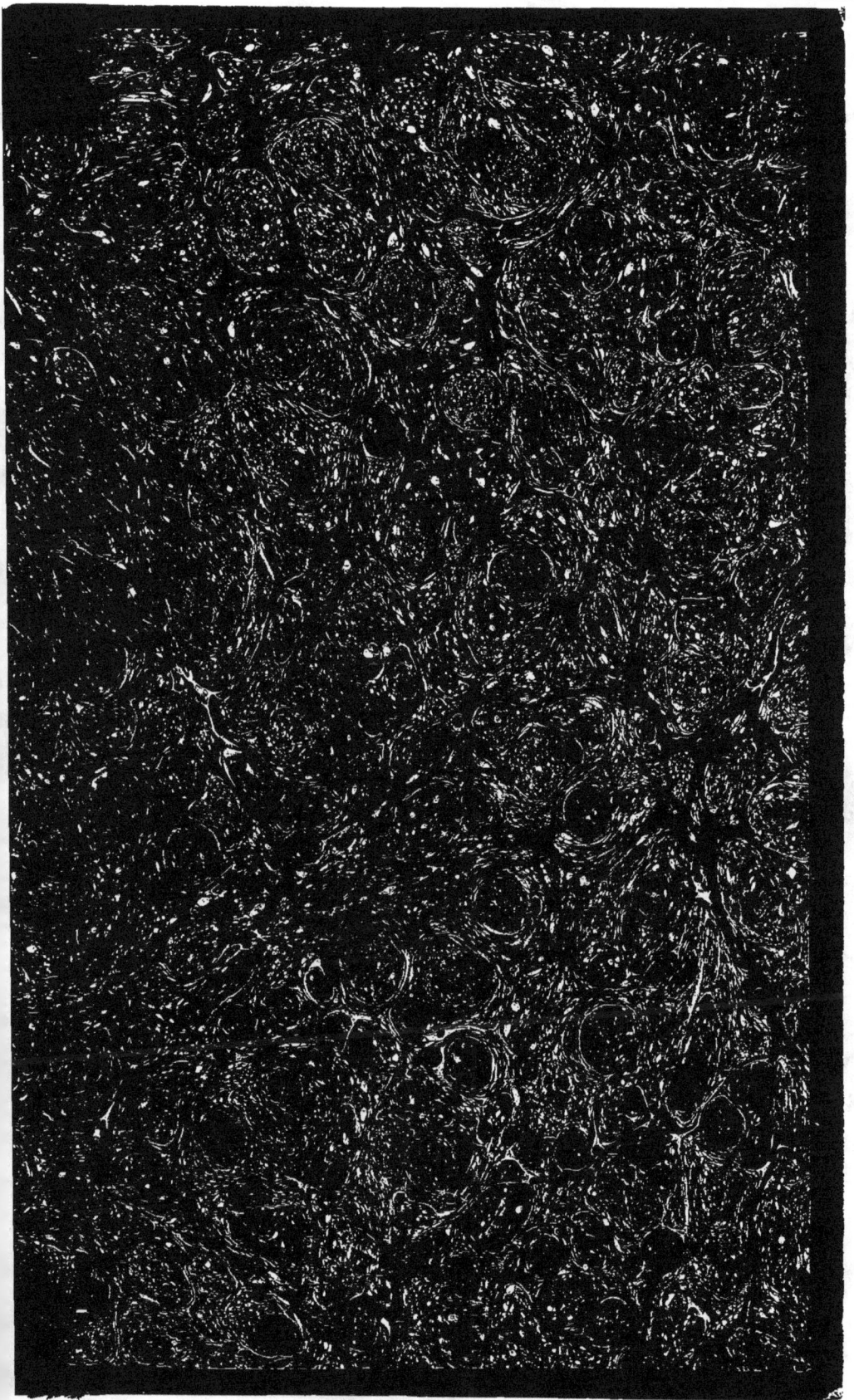

BIBLIOTHEQUE NATIONALE DE FRANCE

3 7502 01915817 1